日本一小さな農業高校の学校づくり

──愛農高校、校舎たてかえ顛末記

品田 茂

岩波ジュニア新書 851

はじめに

この本の舞台となる「学校法人　愛農《あいのう》学園農業高等学校」は、三重県伊賀市にあります。近鉄電車大阪線の青山町駅から東南の方角に15分ほど歩いて、杉林の坂を少しのぼった小高い丘が学校の敷地です。

私たちが「愛農が丘」と呼んでいるこの丘の上には、農業を学んでいる高校生60人と教職員家族が暮らしています。

木造りの校舎をはじめ、男子寮、女子寮、食堂、ログハウス、教職員住宅、実習用の畑、果樹園、牛小屋、ブタ小屋、ニワトリ小屋もあります。

この学校は、日本で唯一の私立農業高校です。生徒数が日本でいちばん少ない農業高校でもあります。

愛農高校は、全寮制による有機農業教育をおこない、卒業生の多くは農業関連の仕事についています。その就農率の高さから、2011年に農林水産省から「農業の担い手を育てる農業高校　就農率45％の取組」と評価され、フード・アクション・ニッポンアワード大賞を受賞。この大賞は、食料自給率の向上に最も成果があった活動に贈られる賞です。

このほか、特色教育振興モデル事業校(文部省、1998年)、明日への環境賞(朝日新聞社、2005年)、日本環境経営大賞(三重県、2007年)、環境保全型農業推進コンクール優秀賞(農林水産省、2010年)を受賞するなど、農業教育の分野で大きな実績がある学校です。

私は、2005年から10年間、この学校の校舎づくりに参加していました。

愛農高校の本館校舎は、耐震性《たいしんせい》に不安がありました。

そのため、鉄筋コンクリート造り校舎の3階部分を取り除き、2階建て校舎とすることによって耐震性を高めるとともに、校舎の内装を木造りとして再生しました。

この工事は「減築《げんちく》」と言います。日本ではめずらしい工法だったため、全国各地からたくさんのお問いあわせをいただきました。でも、そのころは校舎づくりの話をまとめようとは考えてもいませんでした。

しかし、今になって「愛農高校の校舎づくりを知っていただけたら」と考えたのは、2つの理由によります。

1つめの理由は、小さな学校の耐震改修工事に、日本で最も権威のある耐震改修優秀建築賞を、日本建築防災協会からいただいたからです。

表彰式のとき、協会の岡田恒夫理事長が、「これからの耐震改修工事の見本となるすばらしい校舎です。特に校舎づくりのストーリーや、学校関係者のみなさんのかかわり方がいいですね。ぜひ、広く知ってもらいたい学校建築のあり方です」と評してくださいました。

2つめの理由は、みんなで話しあい、学習会を開き、トライアンドエラーをくりかえしながら、学校をつくっていった取りくみを、ご紹介したかったからです。

愛農高校の学校づくりは、生徒、教職員、保護者、卒業生、地域の方々など、学校関係者の「話しあいと学習」によって実現しました。もちろん、不十分なこともたくさんありました。そんな失敗もふくめて、みんなで学校をつくっていった経験を、ひとりでも多くの方に知っていただけたらと願っています。

この本を読んでくださるみなさんに、少し自己紹介をさせてください。

私はもともと保護者でした。娘が愛農高校に進学し、2005年3月に娘は卒業しましたが、その3か月後の6月に、私は学校をつくるための事務局長になりました。46歳でした。

建築についてはまったくの素人でしたので、事務局長への要請があったときは戸惑《とまど》いました。不安もありました。

でも、建築は素人でしたが、学校づくりに取りくむことに、まったく見通しがなかったわけではありません。そのころ私は、京都府の舞鶴市役所職員でしたが、労働組合でいろいろな活動を経験していたからです。

私たちの労働組合では、住民が暮らしやすい地域をつくっていくことと、働きがいのある職場をつくることを大事にしていました。そのため、いろいろな活動を経験していました。

職員や地域のみなさんから話を聞かせてもらって、意見や要望をまとめていくこと。

みんなで学習会を開くこと。

職場や地域の現状を知るために、アンケートなどの方法で、職場や地域を調べること。

そんな経験がありましたから、「地域づくりの方法を学校づくりに活用すれば、何とかなるのでは」という思いがありました。

学校づくりへの参加は、私の生活を大きく変えました。

はじめのころは、舞鶴から車で5時間ほど走って、愛農高校に向かいました。

しかし、だんだん忙しくなってくると、時間がありません。

いろいろと迷ったのですが、50歳で市役所を退職し、愛農高校で働き、学校づくりに専念することにしました。妻と小学生の子どもを舞鶴に残して、学校づくりの日々がスタートしました。

人生を歩きはじめると、私たちの前には、いろいろなことが登場します。

それは、受験であったり、解決しなくてはならない課題や問題であったり、夢や目的の実現をめざした取りくみであったり、いろいろです。

自分らしく、生きがいを感じながら生きていくためには、そんな課題、問題、夢や目的に、真正面から取りくんでいくことになります。

その道のりは大変ですが、いろいろなことを経験できますし、いろいろな人と出会い、楽しく、実りある人生をつくることができます。

私の学校づくりもおなじでした。

みなさんが、これから課題や夢と出会ったときに、この本が少しでも参考になればと願っています。気軽に、楽しんで読んでもらえたら、とてもうれしいです。

目次

第2章 学校って、どうやってつくるの？

第3章　こんな学校をつくりたい！

登場人物

● 小谷純一	愛農高校初代校長
● 霜尾誠一	学校法人愛農学園理事長, 募金委員会委員長
石井康弘	副理事長, 建設委員会委員長
● 志賀親則	校長・1997年4月～2008年3月
奥田信夫	校長・2008年4月～2012年3月
直木葉造	校長・2012年4月～2017年現在
● 野沢正光	野沢正光建築工房代表
藤村真喜	野沢正光建築工房スタッフ
● 猪子秀子	建設委員会委員, もと保護者
服部景子	建設委員会委員, 学校栄養士
泉川道子	建設委員会委員, 音楽教諭
● 嶋岡義次	愛農高校事務長
古川真理子	愛農高校事務室
● 品田　茂	募金委員会事務局長, 建設委員会事務局長, もと保護者

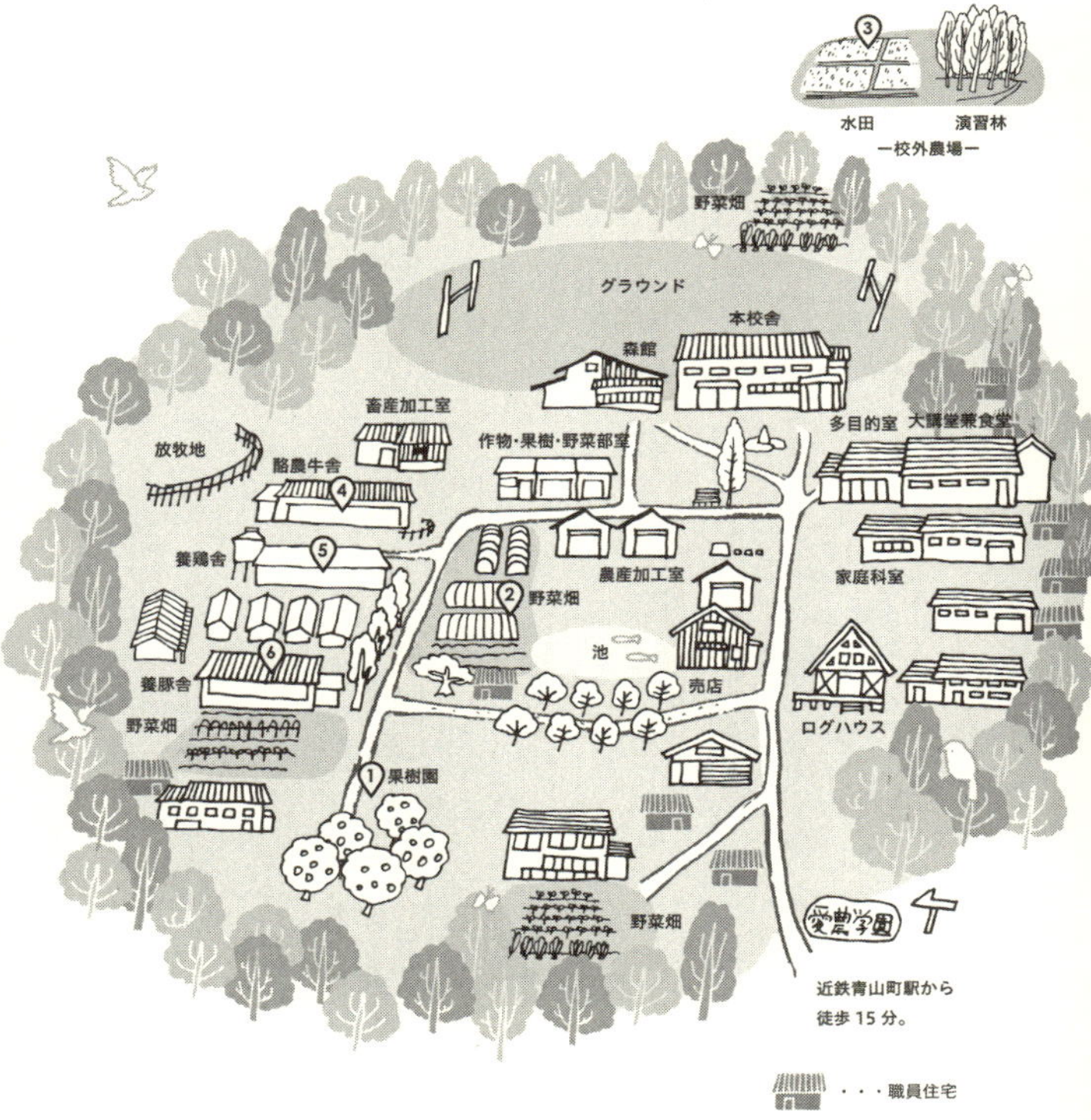

畑・果樹園・牛舎・養豚場・養鶏場や水田・演習林などがあり，全国の農業高校の中でもひときわ豊かなフィールドを備えています。

（「愛農高校学校案内」より）

愛農高校の１日(4月～10月)

起床	5：55
ラジオ体操	6：00
農場・調理当番	
朝食	7：00
登校	8：10
朝拝	8：20
授業	8：50～11：40
清掃	11：40
昼食	12：00
授業	13：20～16：00
クラブ活動	16：00
農場・調理当番	
夕食	18：20
ミーティング	20：00
学習	20：30
消灯	22：30

第1章
農を学ぶ学校

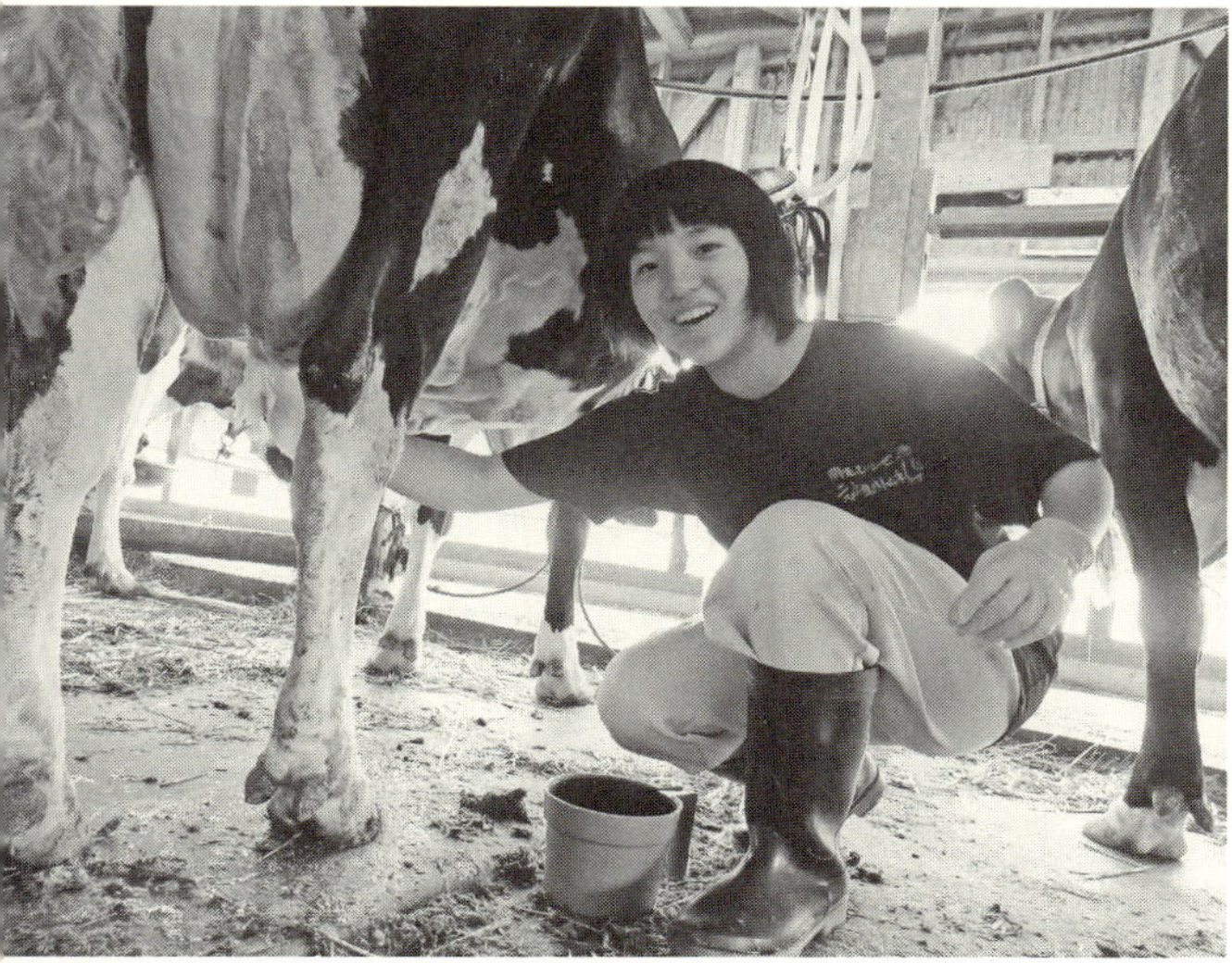

1. からだでおぼえる農業

早朝から深夜まで

「おはよう〜」
「太陽がまぶし〜い」
「みんな起きた？」

4月の早朝、6時。女子寮の生徒たちと、男子寮の生徒たちが、寮から走って本館校舎前の芝生広場に集まり、ラジオ体操をはじめます。体を動かすと、少しずつ目が覚めてきます。この春に入学したばかりの1年生は、まだまだ眠そうです。

もっと早く起きるのが、酪農《らくのう》部の生徒たち。朝5時には、牛舎で乳しぼりをはじめています。

調理当番の生徒は、食堂で野菜や食器を洗い、調理を手伝います。

養鶏《ようけい》部の当番は、朝早くからニワトリにエサを与え、卵を集めています。


ラジオ体操が終わると、生徒たちは走って寮にもどり、寮のそうじをはじめます。


7時から朝食です。

この日のメニューは、五分づきのご飯、間引き菜のおひたし、いりたまご、お味噌汁、そしてお茶と、しぼりたての牛乳です。

ご飯は好きなだけ食べます。男子生徒には、茶碗で3杯、4杯と食べる生徒もいます。


8時10分、登校。8時20分から、小講堂で礼拝です。聖書の一節を読み、讃美歌をうたいます。

午前中は教室での授業です。朝が早いので、午前中から眠そうにしている生徒がちらほ

（撮影　奥田悠史）

らいます。

昼食は、カレーうどん。葉タマネギ、ニンジン、キャベツがたっぷり入ったうどんです。そして、ニワトリの内臓の炒《いた》め物、果物のキウイです。カレーうどんは人気メニューで、生徒たちは本当に美味しそうに食べます。

毎週月曜日、火曜日、木曜日、金曜日は、午後に農業実習があります。


午後4時、授業が終わりました。

農場の作業に向かう生徒、夕食の当番で調理室に急ぐ生徒、クラブ活動の生徒、のんびりしている生徒など、いろいろです。


夕方の6時20分、待ちに待った夕食です。

メニューは、五分づきのご飯、ブタ肉とタケノコの炒め物、モヤシの炒め物、レタスのサラダ、お味噌汁です。

この時期は野菜の端境期《はざかいき》で、使える食材も限られます。栄養士さんが、いろいろとメニューを考え、この季節にたくさん採れるタケノコと春キャベツを中心に、毎日の食事をつくってくれます。

夕食を食べて、お風呂に入った後は、8時から寮でミーティング。その日にあったことの報告と、明日の予定をみんなで確認します。

8時30分からは、それぞれの部屋で学習です。

午後10時30分、消灯点呼があり、愛農高校のあわただしい一日が終わります。

ニワトリ解体実習

新緑の5月になりました。今日は1年生のニワトリ解体実習です。

「ニワトリの羽をしっかりつかんで、クビに包丁をあてます。ここがけい動脈という血管です。この血管を切ります。はじめてだからうまく切れないかもしれないけど、一気に切ってやらないとニワトリも痛いんだよ」

養鶏部の濱田雄士先生が、左手にニワトリをつかみ、右手に包丁を握って、静かな声で説明します。濱田先生のまわりには、入学して1か月の1年生たち。白い大きなエプロンを着け、神妙な顔つきで説明を聞いています。

はじめての体験です。涙を浮かべ、ふるえている生徒もいます。

「できないと思ったら、無理はしなくてもいいんだよ」と濱田先生。

生徒たちは、教えてもらったようにニワトリの羽をつかみました。思ったよりもあたたかく、ふんわりとしたニワトリの体温が手に伝わってきます。

思い切って、包丁をニワトリの首にあてました。スッと切ったつもりでしたが、皮膚に弾力があって、なかなか切れません。痛いのでしょう。ニワトリが足をバタバタと動かします。

「上手に切るのに、力はあまり必要ないよ。ぐっと、押さえる感じだよ」と濱田先生が話します。

ごりごりと包丁で首を切ると、首から血がふき出してきました。しばらくすると、ニワトリはぐったりとして静かになりました。さっきまであたたかかったニワトリの体が、だんだんと冷たくなっていきます。

「これが、命を奪うということだよ。他の命を犠牲にすることによって、私たち人間は生かされていることを、君たちには感じてほしい」

はじめての体験で手がふるえている生徒たちに、濱田先生が静かに語りかけました。

学校では、入学して間もない1年生が、食農教育としてニワトリの解体をおこないます。ニワトリを、と殺し、脱毛、解体し、食材にする実習をとおして、食べ物は「生命」であることを実感するのです。

解体実習の体験を作文に書いている生徒がいます。

「ニワトリの羽のつけねを持って首を切る。私はこわくて手がふるえていた。ニワトリの解体をやりながら、人間が生きるためには仕方がないことだとわかってきた。だから、私たちのために死んでくれたニワトリにできることは、肉を残さずに全部食べることだと思う。愛農高校は、そういうことが学べる学校だ」

愛農高校では、命と向きあう機会がたびたびあります。

あるとき、母牛の出産がありました。難産でした。子牛の足は出ているのですが、体が出てきません。

生徒たちは、子牛の足にロープを結び、数人で引っ張りましたが、子牛は出てくれません。やがて獣医さんが来て、いろいろ手を尽くしてくれましたが、子牛も、母牛も死んでしまいました。

毎朝5時に起き、牛小屋をきれいにして、エサを与え、乳をしぼって、かわいがってきた牛です。生徒たちは泣きながら、運ばれていく母牛と子牛を見送りました。

養豚《ようとん》部の生徒の作文です。

「愛農高校で学び、いろいろな経験をしました。私は養豚を専攻しているため、ブタの出産には何度も立ち会ったことがあります。

あるとき、1頭の仮死状態の子ブタが生まれてきました。みんなは、何とか子ブタを生

濱田雄士先生　（撮影　小松勇二）

き返らせようと必死でした。

しかし、よくよく考えてみれば、今ここで子ブタが息を吹き返したところで、その子ブタは数か月後には出荷され、肉になるだけです。子ブタにしてみれば、人間の都合で肥《ふと》らされ出荷されるよりも、このまま死ぬほうが良いかもしれない。そう考えると、手が出せませんでした。

でも、その子ブタがぴくりと動くと、「苦しいなぁ、でもがんばれ！　がんばって生きて！」と思わずにはいられませんでした。

そのときの私には、出荷とか、肉とかは関係なく、目の前で苦しんでいる子ブタを助けたい、おなじ命をもつものとして、この子ブタを見殺しにすることはできませんでした。その子ブタは、何とか命を取りとめてくれました。

愛農高校で学んでいると、命と向きあう機会が多くなり、命について考えることも増えてきます。私は愛農高校での学びをとおして、命の大切さを、頭だけではなく、体全体で感じるようになりました」

（撮影　小松勇二）

汗を流して学ぶこと

愛農高校の保護者になって最初にびっくりしたことは、生徒たちが実によく働くことでした。段取りよく、きびきびと動いています。先生がいても、いなくても関係ありません。汗を流して、一生懸命に働いています。そんな高校生が見られるのは感動でした。

生徒たちは、3年間で大きく変わります。

1年生は、まだまだ体力もなく、ひ弱です。実習作業も、先生や上級生の指示で動いています。

2年生になると、クワの扱いも上手になってきて、畑を耕していてもカッコよくなってきます。

そして、感動的なのは3年生。自分に与えられた役割と責任を自覚して動いています。体力もついてきて、頼もしいのです。本当によく働くので、見ていてほれぼれとしてきます。作業のすすめ方も自分で考え、下級生への指示も的確でした。

愛農高校には、6つの部門(専攻コース)があります。

作物部は、田んぼでアイガモを飼い、有機農法で稲を育てています。大豆、トウモロコシ、小麦、ジャガイモ、キビや黒米もつくっています。

野菜部は、無農薬・有機栽培で、キュウリ、トマト、ナスなど60種類の野菜をつくっています。

果樹部は、農薬・化学肥料を使わないブドウ栽培を中心に、キウイ、梅を育てています。

酪農部は、20頭の牛を育てています。早朝の乳しぼりも生徒たちの仕事です。

養豚部は、200頭のブタを育て、美味しいベーコンやハムも加工しています。

養鶏部は、1800羽のニワトリを育てています。

1年生は、週4時間の実習で、6つの部門を順番に体験し、専攻する部門を選びます。

2、3年生は、週6時間の実習で、専門的な学びを深めていきます。早朝と夕方には農

場実習の当番もまわってきます。

いつも長ぐつ姿で、手は土まみれの泥んこ姿。それが愛農の生徒たちです。

夏が来ると、校外実習がはじまります。その目的は、鍛錬《たんれん》です。

1年生は1週間の農家実習を体験します。全国に受け入れ農家があり、生徒たちは、農家の人たちと一緒に暮らし、働き、汗を流します。

2年生になると、2週間の北海道実習です。広い農場でひたすら体を動かし、汗を流すのが、北海道での農家実習の目的です。

「北海道実習では、200メートルの小豆《あずき》畑の草取りをやり続けた。太陽が照るなかで、午前、午後とひたすらに草を取った。やり終えたとき、やればできるという自信がわいてきた。休憩のときに食べたアイスが美味しかった!」

ちょっぴりひ弱だった生徒たちが、たくましくなって戻ってくるのが北海道実習です。

3年生の夏は、学校農場での実習です。

女子生徒の作文です。

「養鶏部の夏の糞《ふん》出しは、特別にきついのです。汗がだらだら出てきます。しかもニワトリは、水をたくさん飲んで体温調節をするので、水分の多い糞をします。スコップさばきがうまくないと、上手にとれないのです。それに糞の中にはウジ虫がいっぱいわいています。くじけそうになる気持ちに負けないでがんばりました。糞出し作業が無事に終わると、一緒に汗を流していた3人とも感動でした。

感動といえば、夏の実習が終わったとき、25キロの重たい飼料袋を持ち上げられるようになった、私のたくましい腕です」

暑い夏に、糞出し作業に汗を流す生徒たち。こんどは、そんな生徒たちを見ていた中学生の作文を紹介します。

「ほんとうは農業なんて興味がなかった。でも中学3年の夏休みに、自分には農業しかないのでは、と思うような体験をした。

夏休みに、愛農高校の夏期生活学校に参加。そこには、イヤイヤ農作業をしている私と

北海道実習

は反対に、楽しそうに糞出し作業をする愛農生がいた。どう考えても臭いだろう。しかも、とても暑い。しかし、文句ひとつ言わずに作業する愛農生の姿に感動した。同時に、自分が小さく弱く感じた」

食べることを大切にする学校

私が愛農高校で働いていたとき、学校の食事は大きな楽しみでした。

特に好きだったのは、野菜をたっぷりと使った献立《こんだて》です。たとえば、クリームシチュー。生徒たちが大切に育てたニワトリの肉、タマネギ、ニンジン、ジャガイモなどの有機野菜がいっぱい入っています。旬《しゅん》の野菜も加わって、具だくさんのシチューでした。もちろん牛乳も、その日の朝に学校の乳牛からしぼったものです。

毎日、旬の野菜が登場します。四季の野菜を利用した料理は、どれも野菜のうま味にあふれていました。

不思議な体験もしました。学校の食事を毎日食べていると、胃腸が軽くなっていくような感覚があったことです。はじめての体験でした。味わい深い、体にやさしい食事です。

7月の、ある日の献立です。

朝食は、五分づきのご飯、野菜の炒め物、冷やしトマトにお味噌汁。

昼食は、野菜たっぷりのブタキムチどんぶり、ジャガイモのグリル焼き。

夕食は、五分づきのご飯、旬のズッキーニ、ジャガイモなどの食材がいっぱい入ったボリューム卵焼き、レタスのサラダ、タマネギの炒め物、スープです。

美味しそうでしょう。とても美味しいんですよ。

そして、学校内の食料自給率は70パーセント以上もあります。

愛農高校の栄養士、服部景子さんのお話です。

「野菜や果樹は、長雨で収穫が遅れたり、急にたくさん採れたりするので、食材の調達が大変です。そのため、栄養士が農場職員とこまめに相談し、畑や果樹園を歩いて、育ちぐあいを見ながらメニューを考えます。

愛農高校に入学したばかりの生徒たちは、「トマトとキュウリとレタスの入ったサラダが出ないね～」と不思議そうにします。でも、愛農高校では加温栽培はしないので、3つの野菜を同時に収穫できるのは、6月から7月はじめだけなのです。毎日の食事をとおして、生徒たちは旬の味を知っていきます。

無農薬で育てた野菜は、虫もいるため、調理前の野菜洗いに手間がかかります。1年生の当番が、朝食前、昼休み、夕食後に、野菜を洗って刻んでくれます。

毎週木曜日の夕食は、三学年たて割りの小グループが自分たちで献立を考え、調理します。キャベツとレタスが見分けられず、畑も台所にも入ったことがなかった生徒も、2年生になるころには包丁さばきがさまになってきます」

服部さんは言います。

「自分たちがつくった食材を、自分たちで調理して、みんなで分かちあって食べる。今

旬の野菜がたっぷりの食事

の社会では、本当に特別で、ぜいたくな給食だと思います。

食事をつくる私たちも、食べる人との距離が近いのでやりがいがあります。

食べてくれる1人ひとりの生徒たちが、調理をしている私たちのことを知っています。

また私たちも、食べてくれる生徒たち1人ひとりの性格から好みや生活習慣を知っている。

そんな生徒たちのために、思いをこめて調理ができるので、やりがいも湧いてきますし、
ありがたいことです」


見た目は質素ですが、食事の質は最高級です。

三愛精神

札幌農学校の卒業生で、無教会主義のキリスト者である内村鑑三《うちむらかんぞう》(1861〜1930年)。彼は、1911年に東京で、「デンマルク国の話」と題して講演しました。

デンマークは、1864年に隣国のプロシア、オーストリアと戦争し、惨敗《ざんぱい》しました。敗戦国となったデンマークは、国内で最も肥沃《ひよく》なホルスタイン州とシュレスウィヒ州を失い、国民はすっかり元気をなくしていたといいます。

内村は講演で、戦争が終わってからの、デンマークの復興の歩みを紹介しました。困難をのりこえ、荒れ果てた土地にモミの木を植えつづけ、豊かな国をつくっていったデンマークの姿を、内村は紹介したのでした。

内村の講演は、当時の日本で大変な評判となり、デンマークブームが起こりました。そして、デンマークの復興への国づくりが知られるにつれて、「三愛精神」という復興を支えた考え方があることも知られていきます。

三愛精神とは、「神を愛し、人を愛し、土を愛する」という考え方です。この三愛精神にもとづいて、デンマークでは多くの学校がつくられ、教育によって人づくりをすすめ、人づくりをつうじてデンマークの復興を実現していきました。

この三愛精神に共鳴し、三愛精神を建学の精神として、日本では東海大学や酪農学園大学などの私立学校がつくられました。愛農高校もそんな学校のひとつです。

ふるさとから離れて…

生徒たちは、全国からやってきます。15歳の春からの入学。まだまだ親のもとにいて、甘えたい年ごろです。学校では、そんな生徒たちの思いに寄りそった授業があります。

国語科の平岡敦子先生が「ふだんは離れている生徒と家族が、思いを伝えあうきっかけになれば」と、2003年からスタートした「一行詩」の授業です。

母よ！　愛農に入ってから、ずっと手紙を書いてくれてありがとう。

おかん！　ぼくの相談にのってくれてありがとう。おかんが言うほど、ダメなおかんじゃないよ。

お父さん！　田んぼの仕事をすると、土で真っ黒になるお父さんの手が小さい頃から印象に残っています。今年もおいしいお米を育ててください。

ママへ！　離れていることはこんなに辛いと……知らなかった。

父と母へ！　いつも迷惑をかけてすいません。もっと多く連絡をとりたいけど、忙しかったり、疲れていたりしてとれていません。もっと多くとれるようにします。家に帰るごとに大人になっていけるようにします。身体を大事にしてください。

母へ！　元気ですか？　帰ったらオムライス食べたいです。

ばあちゃんへ！　いつも心配してくれてありがとう！

家族へ！　自分の意志でここに来たけど、帰りたいと日々思う。不安やストレスでいっぱいな生活だけど、何とかやってます。

平岡先生は、すべての生徒の一行詩を印刷し、生徒たちの家庭に送ります。そうして、保護者にも子どもへの一行詩をつくってもらいます。

息子へ！　今でも食卓には、なぜかあなたのお皿分までつくってしまいます。それを食べて太る母です。

娘よ！　いつもホットラインをあけて待っているから、いつでも電話しておいで。

娘へ！　あなたの頑張りが、お母さんの元気の源です。これからも、あなたはあなたの道をどんどん歩いて母を元気にしてください。

（撮影　小松勇二）

🍎娘よ！　学校に行ったとき、楽しそうにしている姿を見られて良かった！　収穫してくれたレタスおいしかったよ！

🍎息子よ！　授業料払うのに、どれだけ苦労していると思う？　だから絶対に寝るな!!

🍎娘へ！　昼寝していると、お前が授業中に昼寝をしている夢を見るのだ。だからきっと、お前も昼寝のなかでは、お父さんが昼寝をしている夢を見ているんだろう。

🍎息子へ！　整理整頓できていますか？　あと、電話のとき、オレオレは止めてほしい。オレオレ詐欺みたいだし。

🍎孫へ！　酪農開拓の祖父の土地を、一緒に訪ねるのを楽しみにしています。

愛農高校では、一般的な高校生活とは異なっている点があります。スマホや携帯電話、ゲーム機は禁止。少人数の学校ですから、在学中は男女交際も禁止です。テレビは寮に1台しかありませんし、見る時間も限られています。入学した生徒は、はじめは戸惑うようです。

2. 小谷純一先生

愛農高校のはじまり

愛農高校は、1963年12月10日に三重県の認可を受けて創立し、翌年4月に開校しました。

初代校長は、小谷純一《こたにじゅんいち》先生です。

小谷先生は、1910(明治43)年に、和歌山市で生まれました。自宅は紀ノ川近くにあり、緑豊かな田んぼや畑に囲まれていました。

京都帝国大学農学部を卒業し、1945年8月15日に、アジア・太平洋戦争が終結したときは、和歌山青年師範《しはん》学校で農学を教える教授でした。

小谷先生は、敗戦から2か月後の10月に学校を退職します。

「あの戦争が侵略戦争であることに気づかずに、私は賛同し協力した。その反省から、愛農運動はスタートした」と、小谷先生は退職したころをふりかえっています。

退職してから、自宅の田んぼ90アール、畑50アールを耕す小谷先生の毎日がはじまりました。

しかし、先生には気がかりなことがありました。先生の近所に、戦争が終わってから経済的な事情で学校を中退し、家に帰って農業をはじめた生徒たちがいたことです。このような教え子を放っておく気になりませんでした。

「わしも生徒たちもおなじ百姓になるのなら、一緒に学びあい、協力しあって農村の改善運動ができないか」と、小谷先生は考えました。

1945年12月16日、小谷先生の自宅に、先生を慕って16人の若者が集まっていました。

16歳から21歳の若者たちは、農業について熱っぽく語る小谷先生の話を聞くとともに、これからの農村のあり方を語りあいました。

小谷先生は、この学習会を「愛農塾」と命名し、農作物の増産技術を青年たちに熱心に教え、これからの日本はどうあるべきかを語りあいました。

この小さな集まりが、愛農高校の原点です。


戦争が終わった直後の日本では、各地の都市は空襲によって焼け野原になっていました。若い働き手が戦争にかり出されたため田畑も荒れ、食料の不足は深刻でした。

農家の人たちは、増産技術を求めていました。愛農塾の評判を聞いた人々が集まり、参加者は増えていきます。最初の集まりから2か月後には、参加者が70人を超えました。小谷先生は、愛農会と名称を改めました。

3年後の1948年に、第1回長期講習会を開いた小谷先生は、3週間にわたって参加者と寝食を共にして農学を教え、実習をおこないます。

長身でエネルギッシュな小谷先生は伝えたいことがありすぎて、語りはじめるとブレーキがききません。少し甲高くて、絶叫に近い声は、部屋全体に響き渡り、あるときは8時間しゃべり続けても終わりませんでした。

愛農会は、全国各地に広がっていきます。全国的に知られた優れた農業者を講師に迎えて、食料増産のための講習会を開きました。稲づくり、イモづくり、果樹の栽培、酪農、養豚、養鶏と技術指導をおこない、最も多いときには会員10万人を超える愛農会になりました。

発足から10年後の1955年、愛農会は学習教育活動を本格的にすすめていくために、活動の本拠地を和歌山市から、三重県青山町（現在は合併により伊賀市）に移しました。学習会の参加者も女性、中学生、高校生にまで広がっていき、受講生は1万人を超えていきます。

愛農会は、三重県の田中覚知事からの「農業高校をつくってほしい」という要請を受け、農業高校をつくることを決めました。近藤正会長をはじめ役員や会員の奮闘に加え、青山町の人々の尽力によって、開校への準備がすすめられていきます。そして、1964年4月に愛農高校は開校し、41人の第1期生を迎えました。

愛農高校は、農業者を育てるためにつくられました。しかし、そのころの日本では、農業から離れていく若者が増えていました。

小谷先生は、「農業が、好きで、好きでたまらないような青年を育てたい。そのためには、どんな教育をすればよいのか……」と考え、若者が農業から離れていく理由は2つある、とみていました。

1つは、農業は苦労が多いわりに報酬が少ない、という経済的理由。あと1つは、農業に誇りがもてない、という精神的理由です。

小谷先生は、精神的理由が決定的と考えていました。そのため、生命の尊さをこころから自覚できる教育をめざしました。人間が生きていくために絶対に必要なものは食べ物であり、その食べ物をつくる仕事が農業だからです。

小谷先生は、農業の大切さを生徒たちに語りつづけました。

「農業は人間社会にとって、なくてはならない仕事です。なぜなら、国民のいのちと健康を守る仕事だからです」

「農業の大切さは、お金がもうかるとか、お金がもうからないという問題ではありません。私たち人間が生きていくために必要かどうかです」

「みなさんは一生懸命に学んで、汗を流して、農業に誇りと喜びをもって、農業が好きで好きでたまらない人間になってください」

小谷先生は、教職員にも、農業が大切な尊い仕事であることを腹の底から自覚して、教育にあたることを求めました。そんな小谷先生の姿勢に共感した教職員によって、愛農の教育はつづけられました。

あるとき、若い卒業生が「なぜ農業を好きになったか」を、私に語ってくれました。

「愛農高校に入るまで、農業は、どちらかというと嫌でした。しかし、愛農高校の3年間で農業が好きになりました。なぜかというと、愛農高校の先生方は、「農業はすごいんだ。りっぱな、希望のある仕事なんだ」と、誇りをもって語ってくれる大人だったんです。

そんな環境のなかで、生徒1人ひとりが自分の畑をもらって、トマトを植えたり、キュウリをつくったり、自分の野菜を育てるんです。朝になって、授業がはじまる前に友だちと、「一緒に、畑を見に行こうか」と畑に行って、大きくなっていくのを見ていると、うれしくなってしまうんです。

愛農高校では、「農業はすごい！」と思うことがいっぱいあるんです。ですから、そんな生活をしていると、農業が好きになってしまうんでしょうか」

小谷先生たちの願いは、多くの実を結んでいきました。

有機農業への転換

1971年、愛農高校で「農薬の害と有機農業の重要性」をテーマに講演会が開かれました。講師は、保護者の梁瀬義亮《やなせぎりょう》さんです。奈良県五條市で個人病院を開かれていました。梁瀬さんは、農村地域で医療活動をしながら、原因不明の症状や病気が増えていることに気づきました。

作家有吉佐和子《ありよしさわこ》さんの『複合汚染』では、梁瀬さんが病気への戸惑いを語った言葉として、次のように紹介されています。

「農家の人たちに胃病と肝臓病が急増しています。戦前にはなかった傾向です。原因は何やろと思いました。もちろん食物や、と最初から分っていたのですが、食物の何がいけないのか分りません」

梁瀬さんは、調査や実験の結果をふまえて、病気の原因は、農薬、除草剤、化学肥料であると警告します。そして、有機農業への転換を提唱されました。

この梁瀬さんの講演に、衝撃を受けたのが小谷先生です。それまで愛農高校では、農薬と化学肥料を使用し、農業で高収益をあげる教育に重点がおかれていたからです。

梁瀬さんの講演会が終わってから、小谷先生は全校の生徒、教職員を集め、「自分のやり方は間違っていた。これからは無農薬でいきます」と宣言しました。「もうかる農業」から「生命を育む有機農業」へと、農業教育の方向を大転換したのです。

有機農業とは、単に農薬や化学肥料を使わない農法ではありません。太陽エネルギーと、土と水を利用し、安全で美味しく、生命力のある食べ物をつくる農業が有機農業です。

しかし、1971年当時、有機農業はまだまだ知られていません。「農薬や化学肥料を使わなかったら、農業はできない」と信じられていたころでした。愛農高校は、厳しく、困難な道を歩きはじめました。

小谷純一先生

3. 霜尾誠一さん

卒業生のひとりに第1期生の霜尾誠一《しもおせいいち》さんがいます。霜尾さんは長年にわたって学校の理事長をつとめてきた人でもあります。

霜尾さんが歩んできた道のりをたどりながら、卒業生が地域ではたしている役割を見てみます。

西方寺平

霜尾さんは、舞鶴市の「西方寺平《さいほうじだいら》」という小さな集落で暮らしています。京都府北部で最も生活条件の厳しい地域のひとつです。

JR西舞鶴駅からは北西方向に車で走り、由良川を渡り、赤岩山《あかいわさん》への山道を登ると40分ほどで到着します。宮津市との山境に位置し、標高も高いので、晴れた日には遠く離れた比叡山《ひえいざん》の山々が望めます。

あまりにも山奥のため、もともと集落はありませんでした。江戸時代に宮津藩と田辺藩(舞鶴市の江戸時代の藩名)との境界争いがあったため、田辺藩のお殿様が、2人の村役人に、赤岩山に登り、西方寺平に住むことを命じました。そのうちの1人が、霜尾さんのご先祖様です。

この西方寺平は、地域的条件の厳しさから、集落がなくなってしまうことが危惧《きぐ》されていました。はじめて訪れた人は、「こんなところで農業ができたら、日本のどこでも農業ができるなあ!」とびっくりされるほどです。

しかし、霜尾さんたちの長年にわたる取りくみによって若い人々が増え、現在では約40人の集落になりました。そして、住人の3人に1人は小学生以下の子どもたち。とても元気な地域になっています。

我が家では、霜尾さんたちの産直グループ「西方寺平から食べ物をありがとうの会」のお米や野菜をいただいています。この会は、霜尾さんと、愛農高校のもと職員の泉金雄さんが中心となり、西方寺平の人たちが共同で運営しています。

西方寺平の谷川の水質が良いのでしょうか、そして何よりも霜尾さんたちのつくり方が上手なのでしょう。ご飯はいい香りがして、もちもちと美味しく、野菜も旬の香りがあって滋味《じみ》深く、しゃきしゃきしています。

霜尾誠一さんは、1949(昭和24)年に、西方寺平で生まれました。

相撲が好きだった霜尾さんは、大きくなったら村を出て、「相撲とりになりたい!」と思っていました。でも、霜尾さんは小柄です。「力士が無理なら、行司でもいいから、相撲の世界で生活したいなあ」と考えていました。

農業をやるつもりはありませんでした。大人たちは「農業はむくわれない。未来がない」と話していたからです。

霜尾さんが少年だったころの日本は、高度経済成長期を迎えていて、経済の中心は重化学工業へと移っていました。日本中が「農業には未来がない」という風潮でした。霜尾さんには4人の同級生がいました。「大きくなったら、絶対にこの村から出ていこう」と話していました。学校への通学が大変だったからです。

特に冬は大変でした。毎朝、夜明け前に子どもたちが集まって、ふもとにある学校まで歩きます。寒いし、空は真っ暗でした。

雪が腰まで積もったときは、上級生が先頭を歩いて雪を踏みかため、雪道を切り開きます。小さな下級生が歩きやすいようにするのです。

雪のなかをお団子のようにならんで、2時間以上歩いていきます。

しかし、雪道を苦労して歩いて、ふもとの大きな道に到着したとき、「今日は大雪でバスが動かないから、学校は休みだ」と知ることも多かったそうです。霜尾さんたちにしてみれば、ふもとの雪は西方寺平よりもずっと少ないのです。しかし、バスが動かなかったら、休校でした。

「今だったら電話もあるし、休校の連絡もすぐにできるけれど、当時はわからなかった。

みんなで苦労してふもとまで到着して休校だったら、またみんなで西方寺平まで、登りの雪道を歩いて帰った」と霜尾さん。

小谷先生との出会い

1962年、霜尾さんが中学2年生のときのことでした。

近所のおじさんが「夏休みに、三重県で愛農夏期生活学校が開かれる。なんでも、第1回だそうだ。農業の勉強にもなるし、誠ちゃんも行ってみたらどうか」と、霜尾さんに声をかけました。

当時の霜尾さんは、農業をやるつもりはまったくありませんでした。ただ、「行ったことのない遠いところに行ってみたい。旅をしてみたい」との思いで参加することにしました。1升のお米を背負って、近所の友だちとふたりで列車にのり、三重県に向かいました。

夏期生活学校は1週間。全国から集まった中学生は80人ほどでした。木造の大きな講堂で、はじめて小谷純一先生の話を聞きました。

「小谷先生が、少しかすれたような、大きな声で話されていたのが印象的やった。「農業は冬枯れだけど、今にきっと春が来る!」と、すごい迫力でびっくりした。そのとき、小谷先生は口先だけで話しているんじゃない、と感じた。

「農業はすばらしい! 人間が生きていくためには絶対に必要な仕事です。それに、農業は楽しいし、やりがいもある」と語る小谷先生のまっすぐな思いが伝わってきた。

農業って、だめじゃない。それだったら、やってみたい、と思ったんや」

小谷先生に魅力を感じた霜尾さんは、愛農高校への進学を決意しました。

1964年春、霜尾さんは第1期生として入学します。真新しい、りっぱな本館校舎が完成していました。グラウンドは未整備でしたが、放課後に教職員と生徒たちが一緒になって学校の整備作業をおこないました。

小谷先生は、情熱の限りをつくして、農業の大切さを41人の1期生たちに語りかけました。

そして、地域づくり、村づくりの大切さも語りました。

「人づくりによる家づくり、家づくりによる村づくり、村づくりによる平和な国づくり。よりよい社会をつくるためには、自分自身はどう生きるのか。まずは、自分をつくることが先決です。農業者である前に、良心をもった人間になってください！」

畑のなかの結婚式

愛農高校で学び、岡山県の農家で1年間にわたる農業実習を体験し、19歳になった霜尾さんは、1968年春に、西方寺平にもどってきました。

田んぼで稲を育て、畑を耕し、シイタケを栽培し、2000羽のニワトリを飼う日々がはじまりました。愛農高校では、村の大切さを学んできたので、最初から村づくりに燃える青年でした。

「西方寺平の子どもたちが愛農高校に進学してくれたら、きっと農業のすばらしさを学んで帰ってきてくれるだろう。そうしたら村に残ってくれる若い人が増えるはずだ」

こんなふうに霜尾さんは思い、中学生や子どもをもつ親たちに、愛農高校のすばらしさを話してみました。村には小中学生が12人いました。霜尾さんは、夏休みに開かれる夏期生活学校に誘いました。愛農高校は遠いので、子どもたちの送り迎えを引き受けることもたびたびでした。

しかし、若い人たちが外に出ていく流れは止まりません。霜尾さんが残ってほしいと期待していた人たちは、みんな村から出ていってしまいました。

西方寺平にもどってから10年近くになったころ、霜尾さんは、京都府長岡京市で幼稚園の先生をしている藤原閑子《しずこ》さんと出会います。

1977年3月、霜尾さんと閑子さんの結婚式が開かれました。霜尾さん28歳の春です。畑の真ん中に、丸太を組んで披露宴会場をつくりました。屋根は作業用のブルーシートです。友人たちが準備してくれました。

この日はあいにくの天気で、冷たいみぞれが降っていました。それでも、村にとっては久しぶりの結婚式です。花嫁さんを見るために、村中の人たちが集まってくれました。

「結婚式と披露宴を西方寺平の畑で開いたのは、わしの思いがあった。結婚式って、新郎と新婦が主役になれるやろ。スピーチで、自分たちが言いたいことをアピールできる。

「おれたちは、これからへき地の西方寺平で生きていくぞ！」ということを、村のみなさんに宣言したかったんや。

一般的には、まちの旅館で結婚式をするんや。でも、それだったら結婚式に参加してくれるのは各家の代表だけで、若い人たち、女性、子どもたちは参加してもらえない。村のみんなに、西方寺平で暮らしていく、わしの決意を聞いてほしかったんや」

30歳を迎えたころから、霜尾さんは「このままでは、この村は無くなる可能性があるなあ……」と、より強く感じていました。

あいかわらず若い人たちは、村を出ていくばかりです。京都府北部の集落では、住む人がいなくなり、廃村となったところも出はじめていました。

霜尾さんは、「村の若い人たちが出ていくなら、農業をやりたいと思っている若い人に来てもらって、ここで農業をやってもらえないだろうか……」と考えました。

しかし、霜尾さんにも悩みがありました。

「結婚をして、共造、光子、満喜の3人の子どもに恵まれた。そうすると、学校への通学のことが心配になってきたんや。わしも通学では苦労した。自分が西方寺平にこだわっていることで、子どもたちには苦労をかけてしまう。ここで暮らしていてもいいんだろうかと悩んだし、苦しかった。この苦しみは、3人目の満喜が中学校を卒業して愛農高校に入学するまでつづいたんや」

山の中腹にある西方寺平では、農作業も大変です。夏は、作業の半分以上が草刈り。冬は、来る日も、来る日も雪かきです。山の田んぼは、あちこちにモグラの穴があって、作業も手間がかかります。暮らしていくには、とても不便な村でした。

でも、霜尾さんは、この村がこころから好きでした。緑がいっぱい。空気も、水も美味しい。そして何よりも自分が生まれ、自分を育ててくれた村でした。

「将来を考えると、西方寺平のある岡田中《おかだなか》地域もふくめて、若い人たちに来てほしい」と思いました。

夜遅く農作業が終わってから、農業雑誌に「舞鶴市の岡田中地域や、西方寺平を見に来ませんか」と投稿したり、若い人たちに移住を呼びかけました。

「ここで農業をやりたいのは、変わり者だ」

「霜尾さん。移住を考えているのですが……」

こんな相談があると、霜尾さんは自宅に泊まってもらい、岡田中地域の農地や空き家を案内しました。しかし、農地や空き家に近づいて案内することはできません。100メートルほど離れた場所から案内します。というのは、1980年代の農村では、外からの移住者に対して強い拒否反応があったからです。

霜尾さんにしてみれば、「このままでは村がなくなってしまう」という強い危機感がありました。しかし、村の人たちの危機感は薄かったのです。

「将来は、うちの子どもたちが定年退職してから、もどってきてくれるので心配ない」

「よそもんを連れてきてどうするつもりだ」

「今どき、農業をやりたいという者は変わり者だ。変なやつが来たら、どうするんや」

そんな反応ばかりでした。それでも霜尾さんは、移住希望者があると、目立たないようにしながら案内してまわりました。

数年後のことです。埼玉県の青年が「西方寺平に移住したい」と決意してくれました。農地も見つかりました。空き家も借りることができました。その青年は住んでいたアパートを引き払い、いよいよ村に来てくれる日が近づきました。霜尾さんはとても楽しみでした。

しかし、青年が村に来る直前のことでした。空き家の持ち主から「やっぱり、貸せない」と、霜尾さんに断りの電話が入ったのです。

「わしが我慢できずに村から出ていったのに、都会のもんが我慢できるはずがない。どうせ2、3年で出ていくんだったら、1年でも早く家のまわりや田んぼに、木でも植えた方がいい」という説明でした。

霜尾さんは何度もお願いしましたが、だめでした。

住む家がなければ移住できません。その青年には来てもらえませんでした。

1985年の秋。霜尾さんは、愛農高校から1年間の農業実習に来ていた愛知県の江端貴くんと山に入りました。ひと抱えもある太いヒノキを伐《き》り倒すと、江端くんと2人で細い山道を運び、自宅に持ち帰りました。

農作業の合間に、2人は何本もの木を運び出しました。そして、自宅横に小さな家を自分たちで建てました。この建物は、移住希望の人たちが村に来たときの宿泊所でした。

「農作業の合間を見つけては、霜尾さんと2人で宿泊所をつくるために働いた。毎日、農作業だけでも疲れているのに大変だった」と、江端さんは当時の様子を語ります。

こうして50人以上の人たちを、霜尾さんは案内しました。しかし、「みんな、北海道や九州、信州など、気候の良いところに逃げられた」そうです。

妻の閑子さんも大変だったと思います。

「村に来てほしいと思って、これまでに50人以上は我が家に泊まってもらった。閑子には食事を準備して、もてなしてもらった。でも、閑子から嫌な顔をされたことは一度もなかった。「がんばれ！」とも、「もう、やめて！」とも言われたことがないなあ。でも、いろんな人が我が家に来て、泊まったり、話したり、飲んだりしていたので、閑子は大変だったと思う……」

何年たっても、村に移住してくれる人はありませんでした。

西方寺平農業小学校

1995年のことです。子どもたちへの読み語りなどをしている「この本だいすきの会舞鶴支部」の水野友晴さんが、霜尾さん宅を訪ねてきました。水野さんは、共造くんの通っている小学校の先生でもあります。

「霜尾さん。来年の春から西方寺平の農地をお借りして、毎月1回土曜日に、ファミリーで農業体験ができるような催しをやってみたいんです。春にみんなで土を耕して、種をまいて、秋にみんなで収穫する。そして、おもちをついたり、ソバを打ったりして、みんなで楽しく食べる。そんな、親子で農作業を体験できる農業小学校を開校できないかなと思って、相談に来ました。

学校のスタッフも、参加してもらうファミリーも、これから募集します。霜尾さんには、農業小学校の校長先生になってほしいんです」

水野先生の話を聞いて、霜尾さんは戸惑いました。

村には、外から人が集まることを歓迎しない雰囲気が、まだまだあったからです。でも、村の外からたくさんの人が来てくれたら、村の雰囲気も少しは変わるかなあと思って、水野さんからの提案を引き受けました。

1996年3月、寒かったけれど、とてもいいお天気でした。

今日は、西方寺平農業小学校の開校式です。50人ほどの親子とスタッフが集まりました。

これから耕す畑の真ん中で、霜尾さんがあいさつをしました。

「今日は開校式です。お天気も、みんなが畑を耕してくれるのを喜んで、応援してくれています。

さて、みなさん。都会には、人も、車も、物も、いっぱいです。そんな都会とくらべると、ここ西方寺平には、な~んにもありません。でも、ここには自然がいっぱいです。自然の大都会です。きれいな山も、青い空も、美味しい谷川の水も、何でもあります。今日一日、自然の中で、たっぷり楽しんでください」

このとき、私たち家族もスタッフとして、親子で参加していました。霜尾さんとの、長いおつきあいのはじまりでした。

おっちゃんのような大人になりたい！

我が家には、田んぼも畑もありません。農業をやったこともありません。そんな私が、どうして霜尾さんや愛農高校と出会ったのかをご紹介します。

きっかけは、妻の千里子《ちさこ》さんが「この本だいすきの会舞鶴支部」の会員だったことです。この会のメンバーが中心になって、西方寺平に山小屋をつくったことから、千里子さんは、霜尾さんのお宅をときどき訪問していました。

そんなおつきあいがあったので、「家族みんなで楽しもう！」と農業小学校に10年間にわたって参加したことが、スタートのころは小学生だった娘の結《ゆい》に大きな影響を与えました。

結が中学3年生の春でした。

「将来は何になりたいのかなぁ」と考えはじめていました。

「自分はどんな大人になりたいのかなぁ」とも思いました。

思春期の結にとって、自分のことでしたが、わからないことばかりでした。

そのとき、霜尾さんの姿が浮かんできました。

畑の中で長ぐつ姿の霜尾さんが、子どもたちに農業のことや、健康な土の大切さを一生懸命に語ってくれた姿でした。少し照れ屋の霜尾さんは、あぜ道に片足をかけ、土を手にとりながら熱心に説明してくれました。

「おっちゃんの横顔が、とてもすてきだった」と、結は思い出していました。


結が農業小学校に参加したときは、閑子さんのところによく遊びに行っていました。閑子さんがニワトリ小屋で働いているときに、一緒に卵をふきながら、おしゃべりすることが結のいちばんの楽しみでした。

結にとって、誠一さんと閑子さんは「憧れの大人」であり、「憧れの夫婦」でした。そして、結がはじめて出会った農家の人々でした。

ロープでつないだ角材を引っ張り代かきの仕上げをする子供ら

西方寺平農業小学校

太鼓や鉦のお囃子のなか

親子らが田植えを体験

～秋にはたくさん収穫できますように～

秋にはたくさんお米が収穫できますように―。西方寺平の西方寺平農業小学校（霜尾誠一校長）で八日、親子らが同地区に残る棚田を耕し、田植えを行った。太鼓や鉦（かね）によるお囃子（はやし）の中、親子らが田んぼに入り一列に並んで、苗を丁寧に植えていった。

同農業小学校は、赤岩山のふもとに位置する西方寺平の豊かな自然を教室に、地元の農家の人たちから作物の育て方や土に触れる喜びを学ぼうと、今年三月に開校した。自然に親しみたいという親子ら五十二人が第一期生として入学、ジャガイモやそば、米づくりなどを体験する。

四回目の授業となったこの日は、午前中に約三アールの田んぼを田植えができるように代かきや土手の草刈りを行った。代かきの仕上げに子供たちが一本の角材を引っ張り、田んぼを平らにならしたが、泥に足を取られないように前へ進もうと真剣な表情。この後、親子らが並んでもち米の苗を手植えした。初めて田植えを体験した品田結ちゃん（9）＝七日市＝は、「ブトにかまれたけれど楽しかった」と満足げな笑顔。

田植えをする人たちの頭上には、ナイロン袋でつくったこいのぼりが風を受けて元気に泳いでおり、秋の収穫まで稲を見守る。

舞鶴市民新聞の記事　（1996年6月11日付）

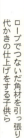

小学生のころ、近所のおばさんが結に話しました。

「結ちゃん。このごろ、畑仕事をやってるらしいなあ。かしこいなあ。でも、農業は趣味でやっているときはおもしろいけど、仕事にすると大変やで。毎日毎日忙しいし、もうからへんし、苦労ばっかりやで。おばちゃんのお姉さんが農家に嫁いでいたからなあ。農家が大変なことは、よく知っているんや」

近所のおばさんの話を聞いて、結は「そうかあ、農家は苦しくて、大変なのか」と思っていました。

しかし、結がはじめて出会った霜尾さん家族は、近所のおばさんが語ってくれた印象とは違っていました。

閑子さんは、いつも楽しそうで、幸せそうでした。

誠一さんもいつも忙しそうで、汗をいっぱいかいて働いています。そして、いつも明るくて一生懸命でした。

農業について教えてくれる誠一さんは、いつもキラキラしています。結がこれまで出会った大人のなかでは、いちばんすてきな大人でした。

霜尾誠一さんと閑子さん

結は思い切って霜尾さんにたずねました。

「おっちゃん。どうしたら、おっちゃんのような大人になれるの？」

「えっ？　どういうこと？」と霜尾さん。

「どうやったら、霜尾さんのようなすてきな大人になれるのかなあ、と思って……」

結は素直にたずねました。

「いやいや、ありがとうなあ。そんなふうに言ってもらったら照れるなあ。う〜ん。もし、結ちゃんがそう感じてくれるとしたら、愛農高校で学んだからかなあ」

「愛農高校？」

「三重県にある学校で、いまのおっちゃんがあるのは愛農高校のおかげやなあ。夏休みになったら体験教室が開かれるから、結ちゃんも行ってみるか？」

はじめて聞く学校でした。興味はありましたが、舞鶴から三重県は遠いので、行ってみようとは思いませんでした。でも、閑子さんに体験教室のことを話したら、「結ちゃんが小さいころから参加している農業小学校のようなものだから、体験してみるのもいいんじゃない」と言ってもらいました。

結は体験教室に参加することにしました。

夏休みに2泊3日で参加した体験教室は、キウイの収穫、ニワトリの解体、ジャムづくり、農業の話など盛りだくさんでした。


「お父ちゃん、お母ちゃん。愛農高校を受験してみたい」

結は、夕食のときに私たち夫婦に言いました。

びっくりでした。近くの高校に進学するものと思っていたからです。たぶん、結にしても、愛農高校のことを知る前は、地元の高校に進学するつもりだったのでしょう。

「歩いて15分の近くに高校があるのに、車で5時間もかかる遠くの高校に、なんで進学しようと思ったの?」とたずねました。

「あのなぁ。私なぁ、霜尾誠一さんのような大人になりたいんや。それで、愛農高校に行きたいんや……」と、結は言いました。

愛農高校が舞鶴から遠く離れていることや、15歳から親と離れて寮生活になることは、あまり気にしていないようでした。

結が語る進学の理由を聞いたとき、実のところ、私はとても感心していました。子どもが大人に憧れて、「こんな大人になりたい！」と自分の進路を選択することは、とてもすてきなことです。

子どもは、小学生、中学生、高校生と成長するなかで、いろいろな大人や職業と出会います。「すてきだな」と思える大人や職業に出会えた子どもは、そのことがきっかけになって、「将来はこんな大人になりたい！」「こんな仕事をやってみたい！」と憧れ、自分の将来を考えるのです。

将来、結が農業の道を選ぶかどうかはわかりません。しかし、中学生の結が、憧れることのできる大人に出会えて、自分の進路を選択していくことは、とてもすてきなことでした。

こうして結は、愛農高校に進学することになりました。そして私も保護者として愛農高校とかかわることになります。このときは自分の人生までが大きく変わっていくとは、まったく想像していませんでした。

はじめての移住

2000年のことです。都会から一組の家族が西方寺平に移住しました。大阪からやってきたその人が、移住の理由を語っています。

「ほんとうは兵庫県の丹波で農業をすることに憧れていました。しかし、西方寺平にやってきたのは、霜尾さんがいたからです。住む家を探すために、1軒、1軒、一緒に空き家をまわっていただき、土地も紹介してもらい、熱心に技術指導をしてもらいました。西方寺平で農業をしてほしい、という霜尾さんの熱意が伝わってきました」

その後は移住者がつづき、現在は6家族が新しい生活をスタートしています。霜尾さんの長年にわたる取りくみが、ようやく実ってきました。

2002年には、息子の共造さんが帰ってきました。共造さんの愛農高校の同級生である添田潤さんも西方寺平で暮らしはじめ、今ではこの2人が中心になって移住を呼びかけ、西方寺平と岡田中地域は、だんだんとにぎやかな地域になってきています。

愛農高校の卒業生は、霜尾誠一さんをはじめ、全国の地域で安全で美味しい作物をつくり、果樹や花を栽培し、牛、ブタ、ニワトリを育て、食品流通をになない、地域づくりに奮闘しています。そんな卒業生を送り出していることも、愛農高校の魅力です。

西方寺平　　（提供　JA京都にのくに）

第２章

学校って、どうやってつくるの？

本館校舎（再生工事前）

1. 突然、学校をつくることになりました

霜尾さんからの電話

2005年3月に、娘の結は愛農高校を卒業しました。それから3か月後、6月の夕方のことです。

霜尾誠一さんから電話がかかってきました。

「愛農高校の校舎を建てかえるんやけど、事務局長をやってくれんやろか」

「えっ?」と私。

「愛農高校の本館校舎は、震度5以上の大地震が起こったら危険らしい。

5月に開いた学校理事会で話しあった結果、校舎をつくるための実行委員会を立ちあげて、新しく建てかえることになったんや。

実行委員長は、理事長のわしがするんやけど、品田さんが事務局長を引き受けてくれんやろか」


びっくり！ です。


一瞬、何を頼まれているのか、わかりませんでした。

とても大きな仕事、ということはわかりました。

本館校舎は3階建て。改築には数億円は必要です。資金のとぼしい愛農高校には大事業です。建てかえまでの準備も数年間は必要でしょう。

反射的に、「無理です。無理です。とても無理ですよ～」と返事していました。

大事な仕事だとは思いましたが、引き受けられない理由を説明しました。

「第一に、私は建築の専門家ではありません。素人です。学校をつくる方法も知りません。

第二に、舞鶴と愛農高校は、地理的に遠いんです。遠く離れた私には、事務局長はつとまりません。

そもそも事務局長の役割は、関係者の意見を広く聞かせてもらったうえで、取りくみの流れをつくっていくことです。その役割をはたすためには、関係者との話しあい、スケジュールの調整、会議の資料づくり、必要な調査活動、取りくみ内容の提案が必要です。愛農高校から遠く離れていては、とても無理です」

しかし、断りながらも胸が痛くなってきました。霜尾さんは、どんな活動でも誠心誠意取りくまれます。そんな霜尾さんからの依頼は、断りにくいのです。

断りにくい理由は、もうひとつありました。

農業をとりまく現状が、とても心配だったからです。

農業は、人間が生きるために絶対に必要な食べ物をつくる仕事です。豊かで楽しい暮らしにも、安全で美味しい食べ物が必要です。暮らしやすい地域をつくっていくうえでも、農業は地域経済の基盤となる存在です。

しかし、日本では農業が大切にされているとは思えませんでした。

愛農高校の現状を考えても、施設は老朽化していて、資金も乏しく、運営は大変です。農業の担い手を育てている学校が、現状のままでいいとは思えません。農業高校の学習環境を少しでも改善することは大切でした。

霜尾さんと話しながら、心のどこかで「農業にかかわる仕事だったら、自分ができることをやらなければなあ」と感じていました。

今から思えば、ほんの数分の電話でしたが、「わかりました。建築は、まったくの素人ですがやってみます」と返事していました。

電話をおいてから、少し落ちついて考えてみました。

大変そうな仕事ですが、楽しみもありました。考えてみれば、学校づくりに参加できることなんて、普通では絶対にありません。少し、ワクワクしてきました。

学校ができあがるまでには、いろんなドラマがあるのでしょう。みんなで思い悩むことも多いと思います。突然、問題が発生して、困ってしまうこともあるでしょう。でも、みんなで話しあっていたら何とかなるように思いますし、学校づくりをつうじて、いろんな人たちと新しく出会える楽しみもあります。

資金が集まらず校舎がつくれない、ということもあるかもしれません。でも、それ以上に感動的なドラマが待っているように思いました。

先のことはわかりませんが、日本の農業のためにも必ずプラスになる仕事です。思い切ってチャレンジしてみる仕事としては、十分にやりがいがありました。

私にとって、霜尾さんからの電話が「学校づくり」のはじまりでした。

はじめての話しあい

霜尾さんの電話からしばらくして、現在の本館校舎をしっかりと見ておきたい、と思いました。何をはじめるにしても、最初に現状をきちんと見ておくことが重要だからです。

6月、梅雨空の日曜日。カメラをもって、愛農高校を訪問しました。

あらためて本館校舎をながめていると、ずい分と傷《いた》みが目立ちます。外壁の塗料がはがれ、黒カビで汚れています。鉄製の窓枠はさびついて、開かない窓が多くありました。男子トイレは、いくつかの便器が壊れたままに放置されていますし、茶色く汚れていました。臭いもひどい。のんびりと使えるトイレではありません。

教室や廊下の床は、コンクリートに簡易タイルを貼り付けただけでした。そのため、梅雨どきの床は湿気が結露《けつろ》して、バケツの水をひっくり返したようにぬれていました。薄いビニールのタイルは、あちこちで壊れていて、コンクリートがむきだしです。

校舎内には、寒々とした殺風景《さっぷうけい》な雰囲気がただよっていました。

2005年7月、本館建設募金委員会がスタートしました。

同窓会館の大広間に、理事会、学校、愛農会、同窓会、PTAなど、学校運営を支える14組織の人たちが集まりました。募金委員会の委員長は、理事長の霜尾さん。事務局長は、もと保護者の私です。

この日、はじめての話しあいで、いちばん盛りあがったのは、「学校づくりの資金をどうやってつくるか」という話題でした。

「卒業生から寄付を募《つの》ろう！」

「しかし、いつも目標どおりには集まらない。卒業生は千人もいないから、卒業生だけに頼っても無理だろう」

「そもそも学校をつくるためには、どのくらいのお金が必要なんだろうか」

「さあ？　少なくとも数億円は必要だろう」

この質問が出たときに、校長の志賀親則先生が説明しました。

「知りあいの建設会社に聞いたところ、現在とおなじような校舎をつくるためには、3億円は必要だろうということでした」

「3億円なんて、愛農高校にはとても無理な金額だなあ」

「校舎以外にも、古い校舎を壊す費用、プレハブで仮校舎をつくる費用が必要だ」

「格安でつくってくれる業者を探したらどうか」

「いっそのこと、みんなでつくったらどうだろうか」


募金委員会は、お金を集めることが目的の会議です。あたりまえの話ですが、お金の話がいちばん盛りあがります。

このときは、イカ焼きを売って学校をつくる話が、妙に印象的でした。

「物を売って、お金をつくったらどうか。秋の収穫感謝祭のときに、イカ焼きを売って、お金をつくろう！」

話している人は、大真面目です。

学校づくりという大きな目標と、イカ焼きという身近な食べ物とのギャップが、とてもおもしろい。話を聞きながら、自分でも計算していました。

「秋の収穫感謝祭のときに、イカ焼きを1つ300円で売って、もうけが1つ100円。1回の収穫祭で300枚売れるとしたら、収益は3万円。仮に3億円の資金をつくるとしたら、1万回も収穫感謝祭を開かないと3億円は集まらないんだなぁ。1万年前と言えば、旧石器時代かぁ……」と計算しながら、みんなの話をぼんやりと聞いていました。

この日の話しあいでは、募金活動を2005年12月の創立記念日からスタートすることを決め、校舎は8年後の創立50周年記念日までに完成させることになりました。

募金委員会は、2か月に1回のペースで休日に集まり、話しあいをつづけました。参加する人たちは、三重、京都、大阪、滋賀、岐阜、愛知など、遠くからの参加です。

はじめのころは、募金の趣意書をつくったり、どうやって建設資金をつくっていくかを話しあいました。

集まって盛りあがるのは、やっぱりお金の話です。お金の話題になると、その話が延々とつづきました。お金の話は大事なことですが、「そもそも愛農高校がめざす校舎とは、どんな校舎なのか」というような話は深まりませんでした。

12月10日。この日は愛農高校の創立記念日です。いよいよ募金活動がスタートしました。しかし、募金の呼びかけをはじめると、教職員、保護者や卒業生から苦情や意見が寄せられました。


「どんな校舎をつくるのか、わからない」

「新校舎の具体的な計画がないと、募金活動がやりにくい」

「校舎建設の情報が、関係者に伝わっていない」

「一部の人だけで、校舎の内容を決めないでほしい」

「みんな忙しいから、大変な事業はほどほどにしてほしい」

「愛農高校は貧乏なので、寄付をお願いしてもお金は集まらない。校舎は建設できない」


私は、そんな苦情や意見に言葉を返すことができませんでした。

2. 学校のつくり方を知りたい

学校のつくり方は、どこでもおなじ?

「学校の校舎って、どうやってつくるの?」

私は、当時市役所に勤務していたので、建築を担当している市役所の同僚に聞いてみました。

「学校の建築は簡単です。どこの学校でもおなじです。校舎の南側に教室、北側に廊下があるんです。市内の学校も配置はおなじでしょう。おなじ自治体で校舎の内容が違っていたら、議員さんや住民から、差をつけている、と苦情がくるんです。

私立の学校は、生徒募集のために豪華な校舎をつくることも多いのですが、公立の学校はどこでもおなじような校舎ですよ」
説明は明快でした。

学校建築の歴史を調べてみると、校舎や教室のかたちは、100年以上も前からほとんど変わっていません。

文部省は、1891(明治24)年に「小学校設備準則」を定め、1895(明治28)年に「学校建築図説明及び設計大要」を示しました。この2つの指針によって、校舎や教室の原型が決められていきます。

教室の大きさは、たて5間《けん》(約9メートル)、よこ4間(約7・2メートル)で、面積は20坪(約66平方メートル)。天井の高さは、10尺(約3メートル)です。

そして、太陽の光を照明として利用するために、教室の南側にグラウンド、北側に廊下をつくりました。

はじめは木造校舎でしたが、台風や地震に強い学校をつくるということで、ほとんどの学校は鉄筋コンクリート造りになっていきました。

日本全国どこに行ってもおなじような、画一的な校舎の誕生です。

このころは、仕事から帰ると、校舎のつくり方を思案していました。

仮に、愛農高校も画一的でおなじような校舎をつくるのなら、まずは建設会社を決めることでしょう。建設会社には、愛農高校にはお金がないことを説明したうえで、設計図と工事スケジュールをつくってもらいます。

その設計図に対して、予算や工期の範囲内で、学校関係者から意見や要望を出してもらいます。その要望を取り入れながら設計図を確定し、工事を実施します。

そのような工事の流れにあわせて募金活動をすすめれば、いちばん効率的に校舎は完成するはずです。

しかし、そんなつくり方でいいのか、疑問でした。もちろん、それなりの校舎は完成するでしょう。でも、それが本当に「愛農高校らしい、みんなの学校」になるとは思えませんでした。

私立学校では、ほとんどの場合、理事長、校長、事務長を中心に校舎の設計がすすめられていきます。

公立学校の場合は、役所の建築担当者が、予算や補助金などの条件をふまえて最初の設計案をつくります。その案を行政内部で検討してから、議会で審議されて決定されます。少数ですが、保護者や住民に説明する自治体もあります。しかし、いろいろな要望が出されても、「予算や補助金条件、それに工期が限られているので難しい」となることが多いようです。

結果的に、子どもたちや教職員が、学校づくりに参加することは、ほとんどありません。

校舎をつくるとき、生徒たちや教職員の意見や要望は、いろいろです。地域の歴史、風土、特徴もそれぞれです。学校がつくられる場所の建築条件も違います。普通科、工業高校、農業高校など、学校の特色もさまざまです。こんなに違うのに、校舎だけがおなじというのは、やっぱり変です。

学校をつくるのなら、実際に使用する生徒や教職員から要望を出してもらって、何ごとも一緒に考えてもらって、一緒に悩んでもらったほうが、「愛農高校らしい、みんなの学校」になるように思いました。

しかし、みんなが望むような学校をつくっていくために、事務局長の私は何をすればいいのでしょうか。

寝ころんで我が家の天井をながめながら、「もうちょっと、建築のことを知らんとアカンなあ」と実感していました。

本屋さん歩き

新しい仕事に取りくむとき、私はいつも本屋さんを歩きます。

この習慣は高校生のときからです。自治体職員になってからも、新しい仕事に取りくむときは、いつも本屋さんを歩いて、参考になりそうな本をかかえて帰ってきました。

今回は、学校づくりのために、本屋さんに向かいました。休みの日の早朝、JR西舞鶴駅から列車にのって、大阪市や京都市の大型書店をめざします。本屋さんに到着すると、建築書コーナーを探し、本棚にならべてある建築の本をすべてながめていきます。

1冊、1冊、本のタイトルを見ていくと、いろんな本があります。

建築計画のつくり方、学校建築の設計書、建築の専門用語解説、建築を学ぶ人たちの入門書、木材流通のしくみ、木造建築の本、建築物の写真集など、建築書にはいろいろな本があることを実感しました。

今回は、建築計画のつくり方と、学校建築のことを知りたくて、本屋さんを歩いています。参考になるような本を探して、タイトルに「建築計画」「学校」の文字が見えると、手にとって、ぱらぱらとひろい読みをしました。

不思議なもので、知りたいことが多ければ多いほど、その疑問にこたえてくれる本がたくさん見つかります。夢中になって探している時間は、楽しいものです。

2、3時間も立ったまま本を見ていると、足がだるくなってきました。少し休憩です。近くの喫茶店でレモンスカッシュを飲むのが私の疲労回復法。立ち読みは体力がいります。

こんなふうに、すべての本を見終わってから、知りたいことが書いてありそうな本、何となく読んでみたい本を買います。建築の本は高いのですが、必要な本は思いきって、すべてを買うほうが安心です。後から必要になっても、手に入らないことがあるからです。

そして、つぎの大型書店に行って、おなじ作業をくりかえします。

夕方になり、舞鶴に帰るころには、からだも頭もフラフラです。朝から晩まで本を探す作業は、とても疲れます。

でも、こんなふうに本屋さんを歩くと、求めている本が必ず見つかります。せなかのリュックサックが重たいほど、こころはウキウキでした。

本屋さん歩きが大切な理由は、いろいろな建築の本をたくさん見ていると、建築の世界が少しずつ見えてくるところにもあります。

建築には、どんな分野があるのか。建築家にはどんな人がいるのか。どんな建物があるのか。どんな本が出版されているのかなど、建築の世界が具体的に見えてきます。

また、本屋さんは、お店ごとに個性があります。書店員さんの思いや工夫によって、いろいろな本が置いてあるからです。ですから、予想もしていなかったような本との出会いがあります。「へぇ〜、こんな本があるんだ!」という出会い。いろいろな本と出会うことで、自分の世界が広がっていくのも、本屋さん歩きの楽しいところです。

愛農のみんなで語りあう会・学ぶ会

募金活動がスタートしてから半年がすぎました。校舎づくりへの道のりは、まだまだ見えていません。

募金委員会での話題は、「いかに安くつくるのか」が中心でした。

「あの建設会社に頼んだら、相場よりも安く、坪40万円で引き受けてくれるそうだ」「大

調理実習　　（撮影　小松勇二）
料理家の SHIORI さん（右）と

きな建設会社は設計をタダでやってくれるので、タダで設計してくれるところに発注すべきだ」という意見も出てきます。話しあいの方向はバラバラでした。

でも、バラバラなのは当然です。会議に参加する人たちは、それまでの経験がいろいろですから、校舎づくりへのイメージ、経費に対する考え方が違っていても当然でした。

しかし、このままの状態では、みんなで力をあわせて校舎をつくることはできません。思案のしどころでした。

2005年12月の募金委員会で、私は「語りあう会・学ぶ会」を提案し、その目的を説明しました。

「学校づくりを実現するために、いちばん大切なことは、関係者1人ひとりの主体的な参加です。そのためには、みんなで学校づくりの情報を共有し、話しあい、学習することによって、これからの課題と道のりを知ることが必要です。

語りあう会では、情報をていねいに提供するとともに、学校づくりへの意見を出しあってもらいます。そうして、みんなの意見や要望が反映された学校づくりをめざします。

学ぶ会は、学校づくりの第一歩となる学習会です。日本を代表する建築家から、建設への道のり、学校づくりをすすめるときに大切にするポイントを学びます。学校建築の初歩的な知識を学び、学校づくりに必要な情報を共有し、生徒たちをはじめ、1人ひとりが主体的にかかわれる条件をつくります」

しかし、反対意見が出てきました。

「どうして、子どもたちまでが、建築の学習会に参加する必要があるのか」

「子どもに聞いても、意見が出ないのではないか」

「みんなの意見を聞く必要はあると思うが、生徒や保護者は3年間で入れかわっていく。意見を聞くにしても設計図が完成してからでもいい」

「そんな手間をかけて素人がかかわらなくても、建設会社にまかした方が効率的です」

学校からも反対されました。

「愛農高校は忙しい学校です。新たな行事は、生徒への負担が大きい。これ以上、学校行事を増やすことはできません」

残念ながら、この日の会議では、「語りあう会・学ぶ会」はボツになりました。

舞鶴で労働運動や市民運動をつづけてきた経験から、私は「どんな取りくみをはじめるときも、まずはていねいな情報提供、話しあいと学習が必要」と考えていました。

でも、学校からも反対されてしまいました。ガッカリです。

募金委員会が終わって、舞鶴に到着したころは、もう夜もふけていました。疲れました。

こたつに座って、熱《あつ》かんを飲みながら、もう一度「語りあう会・学ぶ会」のことを考えてみました。

最初に思い出したのは、「どうして子どもたちまで、建築の学習をする必要があるのか」、「子どもに聞いても、意見は出ないのではないか」という考えをのべられた方々のことでした。

たしかに日本では、学校をつくるときに、子どもたちから意見を聞くことがほとんどありません。

しかし、新しい学校は、生徒と教職員のために建設するのです。利用するのは、生徒と教職員です。それならば、生徒と教職員の意見や要望こそ、いちばん聞きたいのです。

そして、生徒たちが学校づくりについて自分の意見を育み、発言できるためには、学校建築の初歩的な知識や情報をていねいに提供することが必要です。

ですから、「どうして子どもまで……」という意見には、賛成できません。生徒たちには、「自分に関係することには、自分から主体的に参加していくような社会人に育ってほしい」と思っていましたから、何とか一緒に「語りあう会・学ぶ会」を開きたかったのです。

ただ、私にも反省点がありました。

募金委員会への提案が、具体的ではありませんでした。

「日本を代表するような建築家の話を聞く」と言っても、あまりにも抽象的でした。「この人の話だったら、学校づくりのために聞く必要がある」と思ってもらえるような具体的な提案をする役割が、事務局長の私にはあったのです。

学習会をより具体的に提案するために、再び本屋さんを歩きました。素人ばかりの私たちに、建築のイロハをわかりやすく教えてくれる建築家。学校建築の実績が豊富で、いろいろな具体例を紹介してもらえる建築家。そんなすてきな建築家を探して、本屋さんの建築書コーナーをながめていました。

このときに出会ったのが、工藤和美さんの『学校をつくろう！——子どもの心がはずむ空間』（ＴＯＴＯ出版）です。

「学校の施設も、ひとりの建築家だけがつくり上げるものではない。本物の学校になっていくには、多くの人の心や力が必要となってくる」

「本来学校というものは、気候風土の違いや地域性を考慮し、個々の特性にあわせて丁寧に計画されるべきである」

共感できる内容でした。

特に、使う人たちの意見をていねいに聞く姿勢に魅力を感じました。学校建築で日本建築学会賞も受賞されています。実績は十分でした。

「工藤さんに講師をお願いしたい！」

そう心に決めました。2006年1月のことでした。


2006年9月、土曜日の午前中です。

大講堂で、「こんな校舎をつくりたい！ ― 愛農のみんなで語りあう会・学ぶ会」を開きました。

参加者は130人。生徒たちは、特別授業として参加してくれました。教職員、保護者、卒業生、募金委員、そして愛農会のみなさんが、遠路はるばる全国から集まりました。

会場が参加者でいっぱいになっているのを見て、ホッとしました。これからの学校づくりにとって重要な学習会です。直前まで参加者がどのくらい集まるか心配でした。

2週間前には、霜尾さんも愛農関係者に参加を呼びかけてくれました。
「創立50周年の竣工をめざして、昨年の秋から建設募金を開始しました。多くのみなさんからご協力をいただいているのですが、共有する校舎のイメージがなく、士気があがりません。募金開始1周年を前に、学習会「こんな校舎をつくりたい！」を開催します。愛農関係者をはじめ、多くの方々とイメージを共有し、夢をふくらませる機会として、この学習会は重要です。みんなで校舎建設の夢を共有し、完成へのプロセスを学びあうために、ぜひご参加ください」

「語りあう会」では、1年生から3年生のクラスごとに話しあい、要望や意見、現在の校舎で困っていることを発表してもらいました。保護者、卒業生、教職員からも、いろいろな意見が語られました。

「木造で、平屋か、2階建て。こぢんまりとした校舎がいい」
「豪華な校舎ではなく、質素なものにしてほしい」

「木造で、あたたかみのある校舎が、愛農らしくていい」
「三重県の地元の木を使ってほしい」
「太陽などの自然エネルギーを活用してほしい」
「学校づくりの情報が入ってこない。情報を発信してほしい」
「子どもと、ちょっと座って話せる場所がほしい」

いろいろ出ました。特に印象的だったのは、「生徒の意見を聞いたからには、しっかり反映させてほしい。事前の説明もしっかりやってほしい」と語ってくれた生徒の発言です。心して聞かせてもらいました。

いよいよ工藤さんの講演です。

「このたびは、みなさんから熱烈なラブレターをいただきました。感激して、やってきました。今日は、いろいろな学校の紹介もさせていただきます。参考にしてください」

そう語りながら工藤さんは、すてきな木造校舎、工夫をこらした校舎など、いろいろな建築物を紹介されました。

会場のスクリーンに映像が映るたびに、「愛農高校も、あんなステキな学校になったらいいなあ！」と歓声があがります。

新しい学校への期待は、確実に高まってきました。

質問コーナーでは、いろいろな質問が出ました。

保護者　「校舎をつくるために、最初にすることは何ですか」

工藤さん　「校舎づくりの第一歩は、みんなで夢を語りあって、校舎のイメージをふくらませることです。この段階を基本構想といいます」

理事　「設計図は、大きな建設会社に発注すると、無料でつくってくれると聞きましたが……」

工藤さん　「営業設計といって、たしかに無料の設計はあります。しかし、こんな無責任な設計図はないなあ、と思うことが多いのです。やはり、最初の基本的な設計は重要ですから、実力のある設計者にお願いしたほうがいいですよ」

これまでの募金委員会で、話題になっていた疑問や質問に、工藤さんからていねいな説明がつづきました。学校づくりに必要な情報と考え方が、少しずつ共有されていきました。

「語りあう会・学ぶ会」終了後のアンケート調査でも、感想がたくさん寄せられました。

「目からうろこが落ちるような講演だった。自分が子どものころから持っていた学校建築についてのイメージが変わった。愛農高校らしい校舎が欲しくなってきた」

「今の子どもたちの意見や願いは、将来の子どもたちの思いと一緒のはずです。子どもたちの思いが聞けて良かった」

「とってもすてきな講演を聞くことができて、うれしく思いました。夢が夢で終わらず、現実になっていくという、あたたかい気持ちを持たせていただき感動しました」

「すてきな学校を映像で見せていただいたので、具体的なイメージにつながりました。建設スタートに、心が吹きこまれたようです」

話しあいと学習は、やっぱり大切でした。

この「語りあう会・学ぶ会」から、校舎づくり＝学校づくりは、新しい段階にすすみました。

設計者を探す方法

工藤さんの講演会から学んだことは、学校づくりには5つの段階があるということでした。

①**基本構想**　最初にみんなで夢を語りあって、校舎のイメージをつくる
②**基本計画**　学校の調査を徹底的におこない、教育理念、歴史や伝統、生徒数、カリキュラム、土地など、建築条件にあわせた計画を立てる

③**基本設計**　基本計画にもとづいて設計し、デザイン、おおよその費用を決める
④**実施設計**　工事のための設計図をつくる
⑤**建設工事**

第1段階の基本構想は、みんなで話しあってつくることにしました。

第2段階の基本計画をつくる作業からは、実力のある、すてきな設計者が絶対に必要です。私は、設計者を探す方法を考えはじめていました。

一般的には、入札方式、設計競技方式、プロポーザル方式などがあります。しかし、これらの選定方式をすすめていくためには、建築条件の提示や、応募のあった設計書を検討できる専門家が必要です。

しかし、愛農高校には建築の専門家がいません。そんな不十分な体制で、実力がある、すてきな建築家を探すことができるのでしょうか。不安でした。

11月、友人の鞆岡誠《ともおかまこと》さんの紹介で、京都市内の「もえぎ設計」を訪問しました。所長の

久永雅敏さん、スタッフの田村宏明さんに、愛農高校の特徴、これまでの経過を説明したうえで、設計者を探す方法を質問しました。

私の話を聞き終わった久永さんは、にっこりと笑いながら語りはじめました。

「愛農高校のことは、はじめて聞きました。農業者を育てる学校は大事な学校ですね。愛農高校の状況を考えると、「資質評価方式」がふさわしいと思いますよ。

この方法は、完成した設計図で選ぶのではなく、設計者そのものを選ぶのです。建築家の「人そのもの」を選考します。

愛農高校が大切にしている理念と、その建築家が大切にしている理念が、一致するような設計者を選ぶのです。

選考は、設計者へのヒアリングと、その設計者がつくられた建築物を実際に見ることによっておこないます。

そして、選ばれた設計者と愛農高校が、白紙の状態から話しあって、一緒に校舎をつくっていくのです。

品田さんのお話によれば、愛農高校には建築の専門家はいなくても、人を見る目をもっ

林業実習

た方がたくさんおられるようですから、建築家の人そのものを選考する方式がふさわしいように思いました。

この資質評価方式は、あまり事例がありません。ただ、日本建築家協会から『資質評価方式ガイドブック』が発行されています。選考のすすめ方が詳しく説明されていますから、ご覧になってください」

なるほど！　いろいろな選考方法があるものです。感心しました。

私たちは建築の素人です。でも、使い手の立場からでしたら、建物の良し悪しはわかるはずです。この選考方法だったら、すてきな建築家を探せるような気持ちになってきました。

はっきりしてきた課題

「語りあう会・学ぶ会」から3か月後の12月に、募金委員会を開きました。学校づくりがスタートしてから、すでに1年半がたっていました。

私は、「語りあう会・学ぶ会」のまとめ、もえぎ設計さんから教えてもらった内容をまとめた会議資料を準備して、はりきって提案しました。

「9月に学習会と語りあう会を開き、これからの課題がはっきりしてきたように思います。1つ目は基本構想づくり、2つ目は設計者を探すこと、3つ目は完成までの具体的なスケジュールづくり、4つ目は事務局体制の確立です」

しかし、この日の募金委員会は、険しい雰囲気ではじまったのです。

私の提案に対して、厳しい声で質問が出ました。

「品田さんにおたずねしたいが、ここは募金委員会ではないのか。募金委員会は、お金をどうやって集めるかを話しあう場ではないのか。設計者を探したり、どんな学校をつくるかまで、募金委員会で話しあうのでしょうか」

ほかの委員からも厳しい意見がつづきました。

「建築というのは、決まったやり方がある。今さら、みんなの意見を聞くとか、生徒の意見を聞くとか、こんな悠長《ゆうちょう》なやり方をつづけていたら課題は増えるばっかりで、いつまでたっても学校はできません」

「募金委員会の活動は、募金活動にしぼるべきです」

「建設について話しあう委員会が必要でしょう」

「何億円ものお金が必要な大きな事業なのに、学校づくりを担当する職員がいない。そのほうが問題だ。誰か、学校づくりに専念できる職員を探すべきではないか」

話しあいは、沈黙しました。

同窓会館のなかはあたたかかったのですが、外の木枯《こが》らしが聞こえてきます。険しい雰囲気でした。こんな険しい話しあいは、はじめてでした。

たしかに、募金委員会で、設計者探しや基本構想づくりをすすめていくのは、委員会の目的ではありません。それに加えて、建築のことを知っている人にしてみれば、建築素人のすすめ方には、やきもきするような思いもあったのでしょう。

私にも言い分はあったのですが、説明する元気も出てこない雰囲気でした。


どのくらいの時間がたったのか、おぼえていません。気まずい雰囲気がつづきました。発言すればするほど、雰囲気が険しくなっていくような沈黙でした。

この険しい雰囲気を切りかえたのが、同窓会長の水野良則さんです。水野さんは、静かに語りはじめました。

「これだけの大事業だから、たしかに、いろいろ課題はある……。けどなぁ、わしは思うんだけど、この1年半という短い期間で、よくここまで来れたなぁと思うよ……。それに、やらなければならない課題も、だんだんはっきりしてきたと思う」

水野さんのしみじみとつぶやくような発言に助けられて、会議の雰囲気は和やかになりました。私はホッとしました。

閉会の時間も近づいていたので、霜尾委員長が委員のみなさんに説明しました。

「昨年の春から、この委員会も募金でスタートしましたが、愛農ファミリーがようやく全員集まったなぁ、と感じています。

愛農関係者の大勢のみなさんの意見を聞かせてもらって、学校建設をすすめていきたい。いろいろ意見はあると思うけれど、みなさんにはより長い目で見てほしい。もう少し準備がすすんでから、理事会の責任で事務局や建設委員会の設置を考えていきたいと思います」

この日の募金委員会では、具体的な話しあいは何もできませんでした。しかし、ふりかえってみれば、この会議では、「無料で設計してもらえないか」「いかに安くつくるか」というような話題が出ていませんでした。

3. 学校をつくるために、大切な2つの準備

学校づくりの第一歩は、夢をえがくこと

2007年3月、霜尾さんは理事会を開いて、これまでの募金委員会に加えて、建設委員会をつくることを決めました。

建設委員会の役割は、基本構想をつくることと、設計者を探すことの2つです。

委員長は、理事会の石井康弘副理事長が選出されました。愛農関係者からの人望が厚く、いつもバランスある判断力を発揮される石井さんでしたから最適任者です。

私は事務局長となりました。

委員は、愛農会、卒業生、もと保護者、教職員の10人です。女性のみなさんにも強くお

願いし、3人の方に委員になってもらいました。もと保護者の猪子秀子さん、栄養士の服部景子さん、音楽教諭の泉川道子さんの3人は、自分の思ったことを、きちんと発言される方々でしたので、建設委員会では重要な存在でした。

7月、第1回の建設委員会を開きました。

最初の話しあいでしたから、学校づくりにかかわるすべての課題は、建設委員会という公式の場で話しあうことを確認しました。何億円ものお金が必要な取りくみですから、「こんなこと？　いつ？　誰が決めたの？」と思われることが出てきたら、学校づくりへの信頼がなくなってしまうからです。

建設委員会の最初の仕事は、新しい校舎のイメージをつくることでした。基本構想づくりです。

新しい校舎のイメージは、2006年9月に開いた「語りあう会」のときに出ていた意見がヒントになりました。

木造、自然エネルギー、質素、あたたかみ

このキーワードをならべてみると、「新校舎は、自然エネルギーを活用した、質素で、あたたかみのある木造校舎」というイメージが浮かんできました。

このイメージを関係者に提案して、アンケート調査を実施すれば、みんなが望んでいる校舎の姿が見えてきそうです。

アンケート調査は、2回にわたって実施しました。生徒、教職員、卒業生、愛農会、保護者に調査用紙を配りました。

特に生徒のみなさんには、「基本構想は、私たちの願いを設計者に伝えるための重要な資料になります。未来の愛農生のために、現在の愛農生から、率直な意見を聞かせてください」とお願いしました。

いろいろな意見が寄せられました。

「木造で、自然と調和した、派手ではない校舎を」

「青山町の風土にあった校舎が、いちばんエコな建物ではないだろうか。ぜひ、三重県の木材を使ってほしい」

「みんなでのんびり夕陽をながめたり、ゆかいに語りあったり、映画のワンシーンに登場してくるようなあたたかみのある校舎がほしい」

寄せられた回答用紙を、1枚ずつていねいに読んでいくと、少しずつ、みんなの思いが見えてくるようでした。

調査結果を報告書にまとめ、建設委員会で話しあいました。そうして、校舎のイメージは、「質素であたたかみのある木造校舎」と決定しました。確認のためのアンケート調査を実施してみると、78パーセントの人たちが賛成でした。

少数でしたが、事実と異なる思い込みもふくめ、苦言や注文も寄せられました。

「太陽光や自然エネルギーの利用は、経費がかかる。愛農高校にとっては、ぜいたく品である」

「木造校舎は弱い。鉄筋コンクリート造りにすべきだと思う」
「三重県産木材の品質は良くない。値段も割高である。地元の木材に固執すべきでない」
「設計者を公募することには再考を求める。建築家の商業ベース、建築家の芸術志向にふり回される心配がある」

こんなふうに、賛成意見も、反対意見も、みんなの意見を手軽に調べられるのが、アンケート調査の長所です。

それに、アンケート調査には「調べる」という効果のほかに、「広報する」「これからの課題を明確にする」という効果があります。

特に、アンケート調査の広報効果は大きいのです。

たとえば、学校づくりがスタートしたころは、少数の関係者にしか学校づくりのことが知られていませんでした。しかし、2回目の調査では、93パーセントの人が「学校づくりのことを知っている」と回答しています。

愛農高校の学校づくりでは、たびたび実施したアンケート調査が、その後も大きな役割

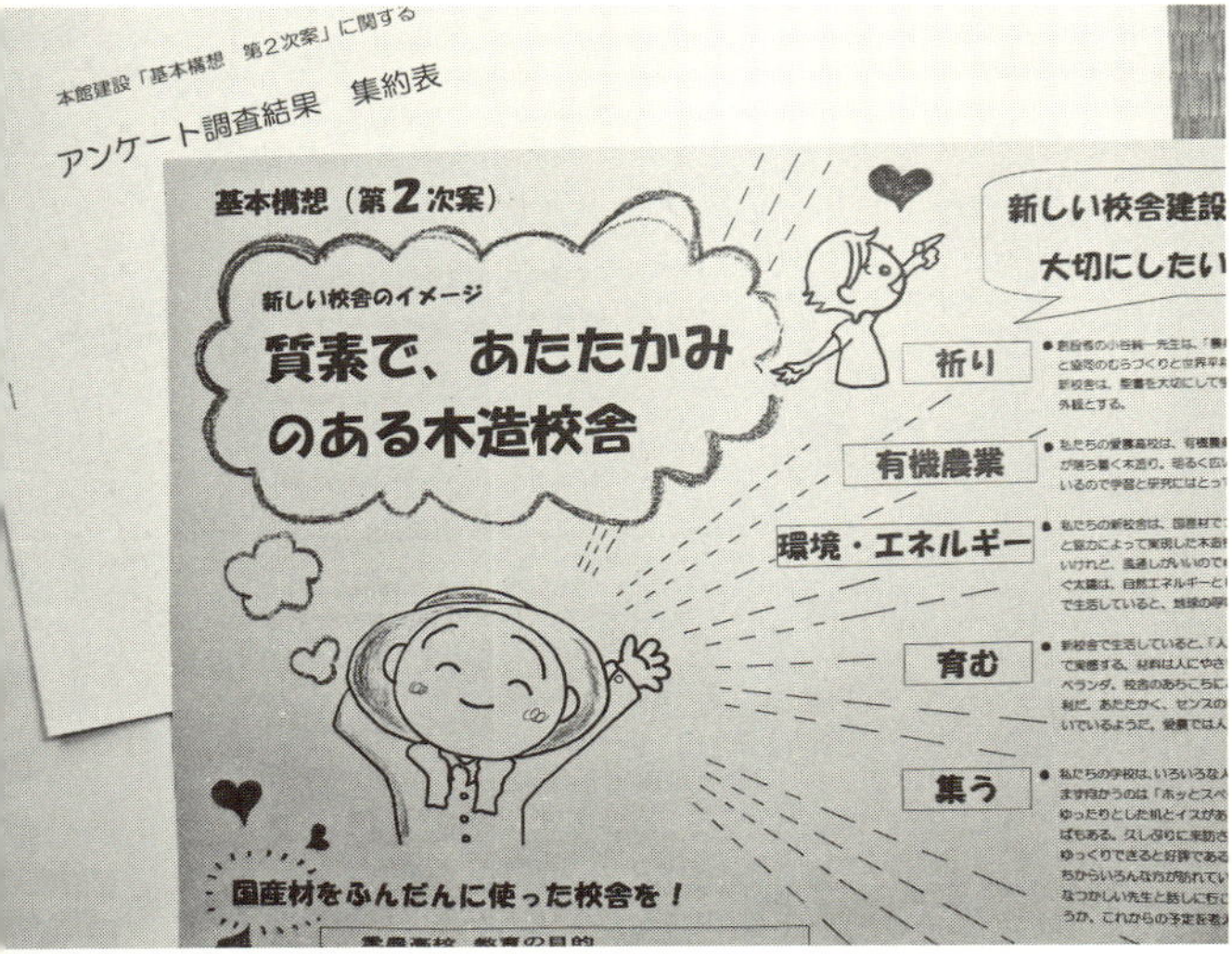
本館建設「基本構想　第２次案」に関する
アンケート調査結果　集約表
基本構想（第２次案）
新しい校舎のイメージ
質素で、あたたかみのある木造校舎
新しい校舎建設
大切にしたい
祈り
有機農業
環境・エネルギー
育む
集う
国産材をふんだんに使った校舎を！

をはたしていきました。

次の一歩は、すてきな建築家と出会うこと

日本建築家協会から『資質評価方式ガイドブック』が届きました。

ガイドブックを何回も読み、愛農高校の現状にあわせて、募集要項、スケジュール、申請書類をつくりました。

建設委員会では、設計者の選考条件を話しあい、４つのものさしを決めました。

①「こんなすてきな建物を設計された建築家に依頼したい！」と思えるような設計者

②農業、環境、地域を大切に考えている愛農高校の理念に、共感してもらえる設計者

③適正な価格で契約できる設計者

④スタートからゴールまで、私たちと誠意をもって話しあい、信頼関係を築きながら、新しい校舎を創りあげることができる設計者

2008年1月から、設計者の公募をスタートしました。

建築の業界新聞にも、小さな募集広告を掲載しました。


設計者募集！

日本一小さな農業高校です。共に、私たちの「学び舎」を創ってください！

愛農高校では、創立50周年記念事業として新校舎を建設するため、設計者を募集しています。ぜひご応募ください。


舞鶴で生活していても、「どのくらいの応募があるのかなあ。不安だなあ。もし、実力のある、すてきな建築家からの応募がなかったら、どうしよう……」と、毎日が心配でした。

しかし、ありがたいことに、全国から26人もの応募がありました。

さあ、選考です。

4月に、1泊2日で建設委員会を開きました。

選考は、委員全員が10段階評価で点数をつけたうえで話しあい、6人の建築家を選びました。

2次選考は、6人の方々へのヒアリングと現地調査です。

6月、建築家のみなさんに学校に来ていただき、おひとりずつ順番にお話を聞きました。どの建築家のお話にも、私たちは「なるほどなあ」と感心するばかりです。選考のためのヒアリングというよりも、一流の建築家からの特別講義を受けているようでした。

いよいよ現地調査です。それぞれの建築家が設計された建物を実際に見て、評価するのです。

建物を使用する立場から、使い勝手、雰囲気、建築材料の利用方法、設計者の理念の表れ方を見せてもらいます。6人の建築家からお聞きした話が魅力的でしたので、現地調査が楽しみでした。

6月から7月にかけて、三重、愛知、京都、栃木、群馬、神奈川を訪問しました。現地で建物を見て、愛農高校がめざしている理念と一致する建築家は誰かと考え、話しあいました。

現地調査をつづけていると、委員全員が調査に参加することの重要性をあらためて感じます。

たとえば、書類選考とヒアリングが終わったときに、ひじょうに評価が高い候補者がいました。期待して現地を訪問しました。

しかし、委員全員で見ると、細部での材料の使い方、教室のつくり方、建物の空間から感じられる雰囲気について、各委員からいろんな意見が出ました。いろいろな目で見ると、いろんな評価が出てきて、その建物がより深く見えてきました。

委員1人ひとりの視点や考え方、感じ方はそれぞれです。委員全員がおなじものを見て、平等な立場で話しあうことの重要性を、あらためて感じた現地調査でした。

現地調査のあと、野沢正光《のざわまさみつ》建築工房代表の野沢正光さんに、設計をお願いすることを決定しました。

環境建築のトップランナー　野沢正光さん

7月、暑い日の現地調査でした。

建設委員会では、野沢さんが設計された栃木県那珂川町《なかがわまち》の「いわむらかずお絵本の丘美術館」を訪問しました。緑豊かな里山につくられた、木造りのすてきな建物です。

建物内に入ると、ゆったりと落ちついた空間が印象的でした。

受付からホールへの伸びやかな空間の広がりも魅力的でした。とても気持ちいい空間です。野沢さんの建築家としての実力と、すばらしさを実感した瞬間でした。

現地調査では、野沢さんが地域のみなさんからの要望にこたえて、地元産木材を使用されたエピソードにも感銘しました。また、太陽の熱を活用した集熱換気《しゅうねつかんき》システムを導入される一方で、大工さんの昔ながらの技術を活かす姿勢にも共感をおぼえました。

野沢正光さんは、環境を大切にされている建築家です。いわむらかずお絵本の丘美術館は、日本建築家協会環境建築賞、林野庁長官賞などを受賞。そのほかの建物でも、空調学会賞、省エネルギー建築賞・建設大臣賞、グッドデザイン賞、エコビルド大賞を受賞されています。著書も、『地球と生きる家』『環境と共生する建築』など多数執筆されています。

『地球と生きる家』を読むと、野沢さんの理念がよくわかります。

「地球を宇宙船地球号と考えるという発想がぼくたちの生活を見直すために大事な視点になってくる」

「家は長く使いたい。そして、使い終わったものももう一度使う工夫をしたい」

「みんながこの国の木で家をつくる。みんなが森に関心を持ち、森の仕事を手伝い、森をきれいに整備する、そうすれば森に循環する力が生まれ、きれいな風景も守ってゆくことができる」

「いま日本のあちこちで、自分の住んでいるまちを市民みんなが自分のこととして考え、提案し、つくるうごきが始まっている。こうしたこともこれからはみんなでする大事な仕事かもしれない。

ひろくたくさん考え、地域や仕事の中で活動する。たくさん応答し、たくさん考えることが、本当の答えをもたらしてくれると信じている」

野沢さんとの学校づくりは、もうすぐです。とても楽しみです。

野沢正光さん　　（提供　野沢正光建築工房）

第3章

こんな学校をつくりたい！

本館校舎（再生工事後）

1. ゲンチク?

みんなが驚いた「減らす」というアイデア

2008年11月、建設委員会を開きました。野沢正光さんがはじめて参加する会議です。この会議から、委員長が交代しました。いよいよ具体的に校舎づくりがスタートするので、理事長の霜尾誠一さんが委員長になり、石井康弘さんは副委員長になりました。私は事務局長です。

話しあいは、野沢さんのあいさつからはじまりました。

「愛農高校と出会えて、本当に幸運だったと思っています。農業の再生という愛農高校の使命を思うとき、新しい校舎ができることで、愛農高校を応援してくれる人がもっと増えたらいいなあ、と思っています。

新しい校舎ができたとき、みんなで「あ～、楽しかった！」と言いあえる校舎づくりにしたいと願っています」


全員の自己紹介のあと、野沢さんが質問されました。

「みなさんは、補強材を使った耐震改修工事については、どう考えておられますか」

委員からは、「補強材は使いたくない」という意見が多く出されました。

「学校や市役所で、X型や逆V字型の補強材を使った耐震工事をよく見かけるのですが、できれば避けたいんです。必要なのでしょうが、ぶかっこうというか、まちの景観をこわしているように感じています」

そして、現在の校舎を一部でも残したいという意見があったのですが、建設会社から不可能と返事があったことも説明しました。


そのときです。ノートにメモをとりながら、私たちの意見を聞いていた野沢さんから、びっくりするような提案がありました。

「それでは、現在の本館校舎の3階部分を切り取って、2階建てにしませんか」

「???」

私たちは、校舎を切り取ることがイメージできません。あんなに大きな建物を切り取ることができるんでしょうか。

野沢さんが、説明をつづけます。

「みなさんが大切に使われていた校舎を何とか残せないか、と考えてみました。調べてみると、現在の校舎に使われているコンクリートの強度は、必要な強度の2分の1しかありません。びっくりするような結果でした。足もとがすくわれるような気分でした。では、どうしたら生きのびることができるのか。友人の構造設計者の山辺豊彦さんと相談してみました。いろいろと検討するなかで、「3階部分を取り除けば、荷重《かじゅう》は30パーセントほど軽くなる。そして、1階の外周壁を3か所補強すれば、耐震性が満たせるのではないか」という方向が出てきました。この工法を減築と言います。やってみませんか」

ゲンチクという言葉を、はじめて聞きました。

「3階を切るんですか……? そんなこと、できるんですか?」

「3階を切り取って、1、2階は大丈夫なのでしょうか?」

「何を使って切り取るんですか?」

耐震性がないことからスタートした学校づくりでしたから、現在の校舎が残せることも不思議でした。


ゲンチクについて、野沢さんの説明がつづきます。

「減築工法の優れている点は、何よりも地球環境にやさしいことです。全面解体にくらべて、コンクリートなどの廃棄物量も、二酸化炭素も大幅に削減できます。もともと減築工法は環境問題に熱心なドイツで発達しました。これからは日本でも活用できる工法です。ただ、日本では、建物が古くなると、新しく建てかえることがほとんどです。みなさんの関係者には、いろいろなご意見をもった方がおられると思いますので、新築か、減築か

は、十分に検討してください。本当に減築でいいのかを、よく相談してください。

また、みなさんにお願いがあります。みなさんは、これまでにもアンケート調査を実施されたり、話しあいをされてきたとは思いますが、これから私が設計していくために、あらためて愛農高校をどんな学校にしていくのか、という理念をまとめていただきたいのです。

学校の課題やみなさんの要望がどこにあるのかを話しあい、お聞かせ願いたいのです」

基本設計をつくるために、愛農高校にかかわっている人たちの意見や要望を知りたいと、野沢さんは強調されました。

明るい夢を感じた減築工法

2学期が終わると、生徒たちはそれぞれの家庭にもどっていきます。

しかし、教職員は冬休みを利用して、学校や校舎の現状と、新しい校舎への要望を出しあいました。

実家が遠い教職員は、冬休みになったら一日でも早く帰郷するのが例年の楽しみでした。でも、この年は全員が食堂に集まり、話しあいをつづけました。

2009年1月には、志賀親則先生の呼びかけにこたえて、地域のみなさんが地元協力会を立ち上げてくださいました。会長には、もと青山町長の松原美省さんが選出され、支援の話しあいがスタートしました。

保護者も動きはじめました。

建設委員の猪子秀子さんは、1月に開かれる保護者会にあわせて「愛農高校　冬のそぞろ歩きツアー」を企画しました。

このツアーは、保護者が学校の敷地内や校内を歩いたあと、新校舎への要望や意見を出しあいます。みんなで散策すると、新しい発見があって、意見がどんどん出てくるツアーでした。

3月、建設委員会を開きました。

議長は、副委員長の石井さんです。

「愛農高校の本館校舎を全面改築するのか、それとも野沢さんから提案のあった減築か、冷静に判断する必要があります。愛農高校の将来を考え、いろいろな角度から話しあってください」

事務局長の私からは、全面改築と減築とのプラス面とマイナス面を一覧表にした資料を配り説明しましたが、話しあいの流れは減築でした。愛農高校では、いま使っているものを大切にすることが、最も大事な基準だからです。

野沢さんの説明です。

「廃棄物を比較してみます。全面解体の場合、コンクリートや鉄筋の廃棄物量は、約2500トンです。減築の場合は、約500トンにすぎません。8割も削減できます。工事にともなう二酸化炭素の排出量も大幅に減ります。

また、日本では、学校などの公共施設は、だいたい60年ほどで建てかえられています。

しかし、建築屋の立場からすれば、きちんとメンテナンスをすれば、まだまだ使える建物を簡単に壊してしまうのは、もったいないと思っています」

「再生工事を実施すれば、あと何年ほど使えるのでしょうか」と、質問が出ました。

「今回の再生工事によってコンクリートのひび割れを補修すれば、これから80年から100年間以上は使えると思います。もちろん、工事のあともメンテナンスは必要ですよ」

「それだけ使えたらうれしいなあ」という声があがりました。

私たちは「減築」を選択しました。愛着のある校舎を再生することができますし、野沢さんの説明を聞いていると、地球環境のためにも明るい夢を感じたからです。

学校づくりは、大きく計画を変更しました。

第1期工事は、減築によって本館校舎の再生工事を実施します。

第2期工事では、減築によって面積が減った分を補うために、木造校舎を新築することになりました。

この会議から2週間後の3月末に、私は27年間つとめた舞鶴市役所を退職しました。学校づくりに専念するためです。

校舎づくりにかかわってから、もうすぐ4年でした。校舎づくりは、学校づくりでもありました。みんなで話しあうことは、どんどん増えていきます。事務局長の私の仕事も増えていきました。

みんなで話しあったり、話しあいの資料を準備することは楽しかったのですが、たびたび愛農高校に来ることには無理がありました。

正直、いろいろと思案しました。

小学3年生の子どものこと、家族の生活、これからの生活設計……。それに、自治体職員としての仕事にはやりがいがありましたし、市職員労働組合の仕事や、市民運動の活動はとても大事にしていたので、迷いに迷いました。

しかし、市役所を退職し、家族と離れて、愛農高校で働くことを決意しました。

ちょうど50歳の春でした。

2. 本館再生工事スタート！

突然の補助金

校舎を新築するためにスタートした学校づくり。しかし、野沢さんからの提案は、古く、弱くなった校舎を再生させる減築工事でした。

「学校創立からの愛着のある校舎を再生する」「地球環境を大切にする」。この2つが野沢さんの思いでした。

さあ、いよいよこれからです。4月に愛農高校の近くに引っ越した私は、急いで準備をすすめていきました。

まずは、校舎づくりの計画が大きく変更されたことを、関係者のみなさんに知ってもら

① 現在の本館

② 3階部分を取り除きます

③ 1） 耐震補強をします
2） 屋根をつけます
3） 居住性を向上させます

カット・しげたん

うことが必要でした。ニュースをつくったり、イメージしにくい減築工法をマンガで紹介したり、情報の提供につとめました。

そんなときです。びっくりするようなニュースが飛び込んできました。

7月に、三重県から補助金交付の連絡があったのです。それも、一般的な補助金の5倍！ 5250万円の高額補助金です。政府の緊急経済対策として特別に実施される補助金でした。三重県と相談し、2010年3月までに工事をスタートすることになりました。

話しあうことは山のようにある

大急ぎで工事の準備をはじめました。工事のスタートまで、あと7か月しかありません。工事を請け負ってもらう建設会社も決まっていませんでした。

話しあい、決めていくことは、たくさんありました。

校舎の平面図づくり、教室の種類と配置、職員室の広さや位置、保健室のあり方、照明、コンセントの位置、外壁の色彩、黒板の種類、事務室の受付カウンターのあり方など、校舎内のすべてを話しあいながら決めていく必要がありました。

準備すること、話しあうことが数多く、戸惑いながらの工事準備でした。しかし同時に、旧校舎の改修という制約はありましたが、可能なかぎり、校舎のあり方をひとつひとつ見直してみたいという思いもありました。

このとき私たちにとって心強かったのは、9月の建設委員会から、野沢正光建築工房スタッフの藤村真喜さんが、愛農高校の担当者として参加してくださったことです。

藤村さんのことを最初に「すごい!」と思ったのは、私たちの話しあいを正確に聞いてもらえる方だったことです。

あるとき、前回の建設委員会での話しあいを確認する必要がありました。このとき藤村さんは、ていねいに記録されたノートを見ながら、話しあいの内容を正確に再現されました。驚きました。それ以来、話しあいの場に藤村さんが居てもらえることは大きな安心でしたし、藤村さんの専門家としての実力とセンスに助けてもらうことばかりでした。

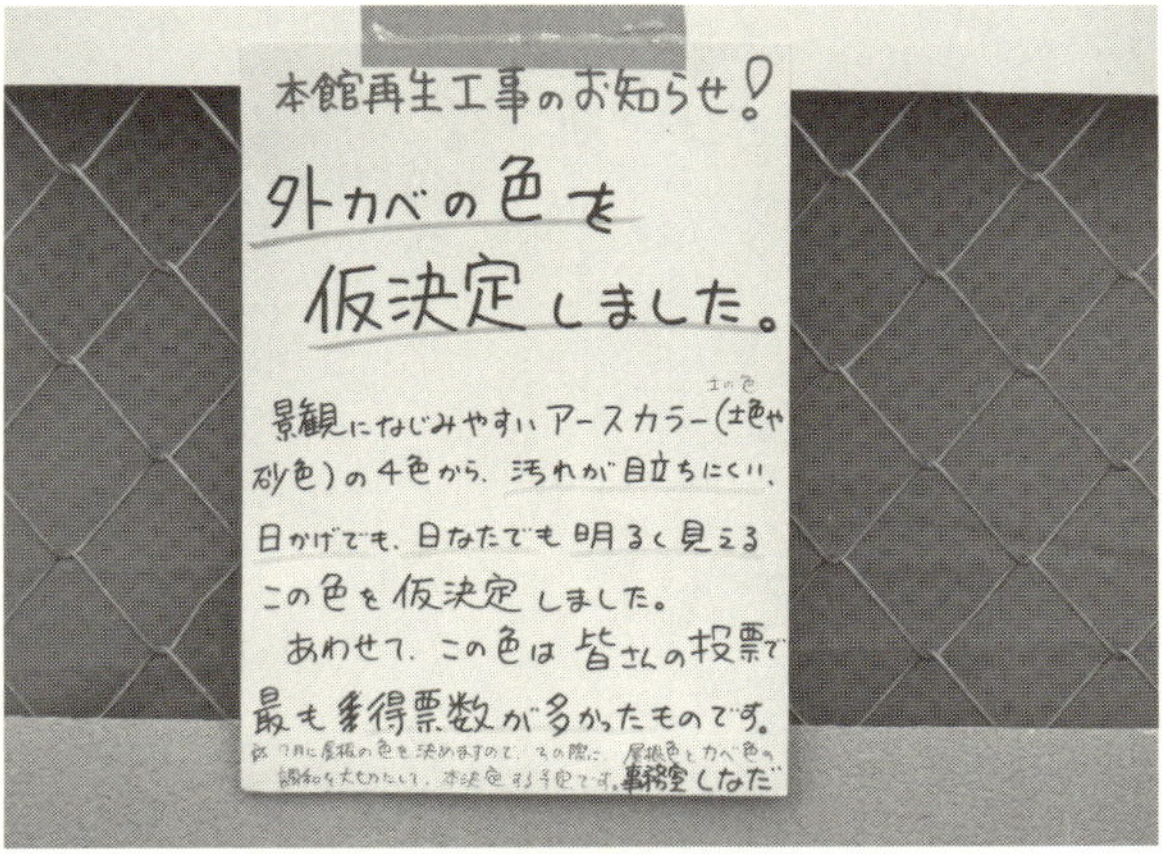

外壁の色を選ぶために建築委員会で現物テストを実施
（2010 年 5 月 15 日）

山から間伐材を運び出す！

新しい校舎のイメージは、「質素であたたかみのある木造校舎」です。

話しあいやアンケート調査では、「地元で育った木材を使用して、校舎をつくってほしい」という要望がたくさん出ていました。今回の減築工事では、もともとの校舎が鉄筋コンクリート造りですから、本体が鉄筋コンクリート造りで、内装が木造りの校舎となります。

建設委員会では、「できるだけ愛農高校の近くで育った木材を使いたい。基本は伊賀産の木材。それが無理なら三重県産を使用する。県外の木材は使わない」と確認しました。

ちょうどそのころ、伊賀市役所から「山林の境界を確認したいので立ち会ってほしい」と依頼されました。愛農高校は学校演習林をもっていたからです。

11月の寒い日、校長の奥田信夫先生、学校事務長の嶋岡義次さん、そして私の3人で学校演習林のある山に登りました。

細い谷川を左手に見ながら傾斜のきつい山道を登っていくと、広いスギ林があります。ここが演習林です。演習林には、伐採《ばっさい》した数百本の間伐材《かんばつざい》があちこちに倒れていました。

演習林を歩いていると、突然、奥田先生が何かを思いついたように話しはじめました。

「そうや！ 間伐材がこのまま朽《く》ちてしまったら、もったいない。この間伐材を生徒たちに運び出してもらって、教室の壁材として利用しよう。林業実習にもなるし、生徒たちも自分たちが運び出した間伐材で教室が完成したら、校舎への愛着もわくだろう」

奥田先生の提案に、私はびっくりでした。水分をたっぷりと含んだ木材は、とても重たいのです。それに、山道は細く、かなりの急斜面です。とても危険な作業ですから、生徒たちは大丈夫でしょうか。

一般的な学校では、生徒にそんな危険な作業をさせません。しかし、嶋岡さんも「それはいいですねえ」と、にこやかに承諾されました。

「愛農高校は、おもしろい学校だなあ」と、あらためて感心しました。

12月21日。雪のちらつく寒い日です。3年生17人、教職員10人が、学校演習林に向かいました。生徒たちは、お弁当をもって、ピクニック気分です。

演習林に到着すると、奥田先生から作業手順と安全対策の説明があり、作業開始です。

スギは25センチ以上の太さ、長さは3メートル。ずしんと重い丸太にロープをかけて、200メートルの山道を引きずり、1本ずつ運び出します。

作業をはじめると、雪が積もった山は寒く、手も冷たく、間伐材は重たいので、生徒たちも大変そうでした。目つきも真剣です。でも、毎日の農業実習で鍛えた生徒たちは、運び出しのコツをすぐにおぼえると、とても楽しそうに間伐材を引っ張っていきます。

「重いけど、みんなで協力して運び出すのが楽しい。校舎が完成したら見てみたいな」

「あと3か月で卒業だけど、これから何十年も後輩たちが使うことを考えたら、とてもやりがいがある。学校が完成したら、教室で同窓会を開きたい」

「山で食べるお弁当は、めっちゃ美味しい！」

生徒たちは、それぞれに感想を語ってくれました。

翌日は2年生が作業を引き継ぎ、200本の間伐材を運び出しました。

起工式での迫力のあいさつ

２０１０年３月９日。再生工事の起工式です。

校舎への思い出、再生工事への期待を語る愛農関係者からのあいさつがつづきました。再生工事を担当していただく愛知県岡崎市の小原建設株式会社からも、多くのみなさんが参加してくださいました。

感動したのは、地元協力会の松原美省会長のあいさつでした。愛農高校の歴史をふりかえりながら、農業高校の役割と重要性を強調し、工事への思いを語られました。

「工事を担ってくださる皆さん。板１枚、クギ１本に真心をこめて、魂の入った作品をつくりあげてください。明日からはじまる、みなさんの現場での仕事ぶりを、生徒たちは期待の目で見つめています。この生徒たちに、労働、協力、建設のすばらしいドラマを学ばせてやってください」

迫力のあいさつでした。

工事は、プレハブ校舎の経費を節約するために、3期に分けて実施。「居ながら工事」です。生徒、教職員が、あっちこっちに引っ越しながら、工事をすすめました。

第1期工事は、3月から5月まで。校舎西側の1、2階部分の教室、職員室、トイレを工事します。

第2期工事は、6月から7月中旬まで。校舎東側の1、2階部分の事務室、保健室、小講堂を工事します。

第3期工事は、7月下旬から10月まで。夏休みに3階部分を切り取って、新たに屋根をつくります。校舎全体をまるごと断熱材で包み、太陽熱と太陽光発電を利用した集熱換気《しゅうねつかんき》システム(OMソーラー)を導入します。

大急ぎで工事はスタートしましたから、工事と同時進行で話しあい、決めなければならないことは、山のようにありました。

学校では、毎週水曜日の午後3時から職員会議があります。

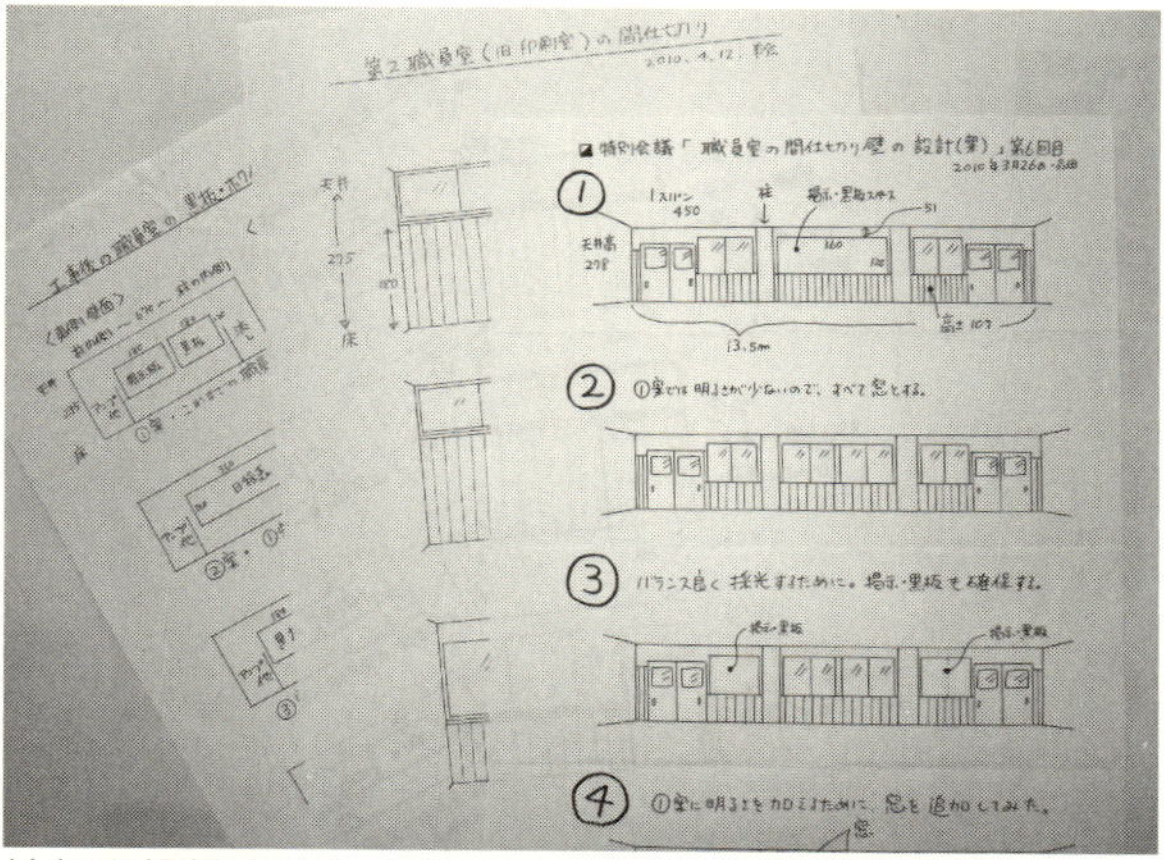

情報を提供するためのニュース（上）や会議資料（下）

会議では、生徒たちにかかわる議題が中心です。その話しあいが終わってからが、再生工事について話しあう時間でした。長時間の会議のあとに話しあうのは、教職員も疲れがたまって辛そうでした。

私は、教室や職員室のレイアウト、黒板の種類、トイレのつくり方など、話しあってもらいたいテーマを、毎回の会議で提案しつづけました。

「頭が疲れていても、話しあいに参加してもらえる方法はないかなあ」と考え、①1回の会議で議題にするのは2つまで、②提案はしぼりこむ、③提案資料は、文章を少なく、イラストを多くして見やすくする、などの工夫をしました。

女子トイレと男子トイレの差はなぜ？

アンケート調査では、「きれいで快適なトイレにしてほしい」という声が、生徒からも、保護者からも出ていました。トイレの計画は、建設委員会で時間をかけて、ていねいに話しあいました。

そんな話しあいをもとにして、野沢事務所の藤村さんがトイレの設計図をつくってくれました。

届いた設計図を見ていると、すてきなレイアウトです。「とても気持ちの良いトイレになるなあ」とうれしくなってきました。


つぎの日、トイレの図面をもって、男子寮のミーティングに参加しました。

「愛農高校のトイレは、あまりにもボロボロです。トイレがきれいじゃないと、気持ちよく生活できません。こんどの工事では50年ぶりにトイレを新しくします。それで、トイレを使っているみんなから意見を聞かせてほしいんです。どんなことでもいいので、教えてください」

生徒たちにトイレの設計図を説明し、要望や意見、修正案を出してもらうようお願いしました。

しかし、男子生徒たちは、「トイレのことで……」と話題にしただけで、ケラケラと笑い、はしゃぐのです。

「品田さんにまかした！」と言うばかりで、要望は出てきませんでした。

こんどは女子寮のミーティングに参加して、トイレの設計図を説明しました。女子生徒たちも、私が「トイレのことで……」と話しはじめると、みんな笑ってはしゃぎます。でも、そのあとが男子生徒とは違っていました。

「いまは女性用トイレが1階にしかないので、1階にも、2階にも、それぞれの階にトイレがあるとうれしい！」という発言をきっかけに、新しいトイレへのリクエストがどんどん出てきました。

「寮にも、学校にも、大きな鏡がない。全身が見られる姿見がほしい！」

「明るい、おしゃれな照明だったらいいな」

「手洗い場も、ちょっとおしゃれで、小物が置けるような棚のついたタイプがいいなあ」

愛農生にしてみれば、学校は自宅のような存在です。それだけに、女子生徒たちのリクエストは具体的で、とても楽しい話しあいになりました。

このような反応の違いは、男性職員と女性職員にも、おなじような傾向がありました。男性職員はトイレの図面を見ると、「いいのができますね〜」と言うだけで、具体的な要望までは出してくれません。

女性職員は、建設委員の泉川道子さんが「私たちのためにも、将来の生徒のためにも、いいのをつくりましょうよ」と呼びかけてくれたこともあって、いろいろなリクエストが出てきました。トイレの設計図を見ながら、とても楽しそうです。意見もいっぱい出てきます。それで、最初の話しあいを「第1回トイレのあり方会議」と命名し、継続して話しあってもらうことにしました。

藤村真喜さんが来校されたときには、彼女を囲んでリクエストを出してもらいました。とてもにぎやかで、楽しい集まりでした。トイレの話題は妙に盛りあがります。

次々に意見が出ました。

照明の種類、洗面カウンターの材質、給湯器の必要性、蛇口の機能とスタイル、壁や床の色彩、ドアの材質、便器の色、照明スイッチのあり方、姿見の大きさ、和洋便器数の比

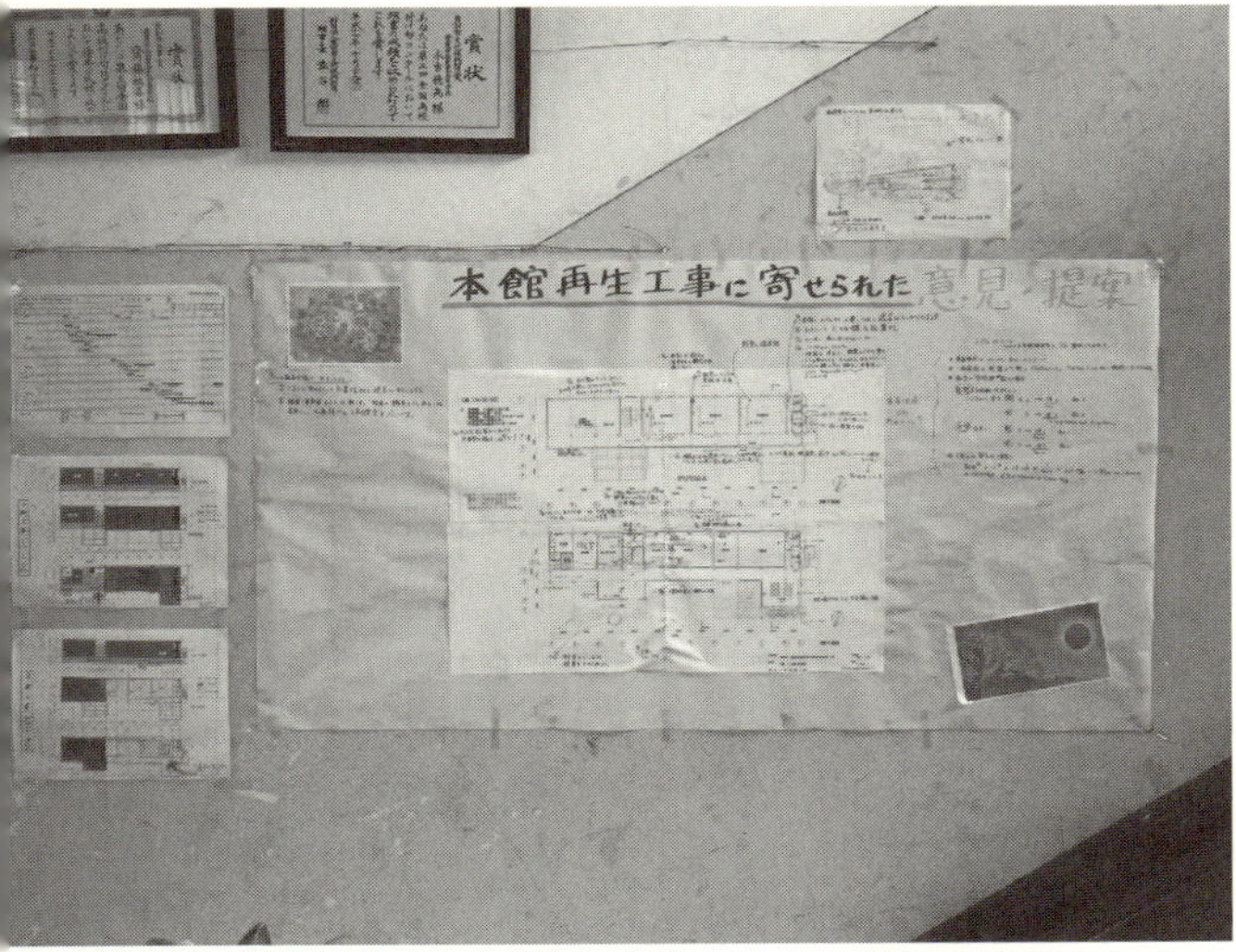

「生徒のみなさん，見てください！　意見をください！」
工事の進みぐあいを生徒がよく通る階段の壁に何度も何度も貼り出しました

率、男女トイレの間を仕切る壁を防音にと、話題は尽きることがありません。

この「トイレのあり方会議」は、いつも短時間の集まりでしたが10回も開き、そのたびに藤村さんには、設計図を修正してもらいました。


トイレ会議のほかにも、女性からはいろんな要望を聞かせてもらいました。

2人の女子生徒が事務室にやってきて、笑いながら言いました。

「品田さん。トイレの中に、ナプキンをしまっておけるような小物入れをつくってくれないかなあ。自分でもっていくと、男子生徒たちの視線が気になって！」と明るく言います。あっけらかんと言うので、こっちが焦ってしまいました。

とても照れながら事務室に来る方もありました。

「ちょっとお願いがあるんですけど……。職員会議でみんなの意見を聞いていると、すべて洋式トイレになりそうなんですが、私は、しゃがんでする和式トイレのほうが好きなので、1つは和式にしておいてくださいね」と、はにかみながら話されました。男性の私には話しにくかったと思うのですが、思いきって話してもらえて、うれしかったです。

再生工事後は、女性用も男性用も、とてもすてきなトイレになりました。トイレの色彩は、ホワイトとクリームの明るい色です。換気もよく、もちろん悪臭もありません。

おもしろいのは、女性用と男性用では、トイレの雰囲気がずいぶんと異なっていることです。

再生工事が終わってから、見学に来られたお客様を男女トイレに案内すると、あんまり違うのでびっくりされます。

「おなじ学校なのに、照明も違うし、手洗い場も違う。どうしてこんなに違いや差があるのですか」と質問されます。

最初の設計図は、男女ともおなじ内容だったこと、女子生徒と女性職員の熱心な話しあいによって、限られた予算内であっても、よりよいトイレになっていったことを説明します。

「話しあいの差が、トイレの違いになっていったので、おなじようなトイレにしようとは考えませんでした。自分の意見や要望をきちんと出してこそ、よりよいものが実現する

ことを、生徒たちに学んでほしかったからです」

もちろん、再生工事前のトイレとくらべると、男性用も格段に気持ちの良い、すてきなトイレです。でも、女性用は、話しあいを積みかさねた分だけ、よりすてきなトイレになりました。

自分の意見はきちんと言う

校舎づくりのときに、教職員の意見がいちばん分かれたのが、床や壁の「保護剤には何を使用するか」という選択でした。

木は、品質保持と汚れをつきにくくするために、保護剤を塗ります。

保護剤には2種類ありました。

ひとつは、木の表面に植物性の油を薄く塗って、油をしみこませる方法。

もうひとつは、木の表面にウレタンという化学物質を塗って、薄く透明な膜をつくる方法です。

校舎を設計するときのアンケート調査を参考にすると、植物性の油を塗る方法を選択するのが妥当でした。アンケートには、「保護剤を使用する場合は、より安全なものを使用する」という意見が寄せられていたからです。

しかし、この話しあいは、簡単ではありませんでした。


工事がはじまったとき、事務室にいた私のところに、いつも元気な先生が雑談に来ました。木に使用する保護剤が話題になったとき、その先生が言いました。

「品田さん。床と壁には、どんな保護剤を使うんですか」

「アンケート調査の結果を見ると、化学物質過敏症の心配も指摘されているので、ウレタン塗料ではなく、より自然に近い保護剤を提案しようと思っています。どうですか?」

「私も、品田さんとおなじ意見です。でも、奥田校長先生は、絶対にウレタン塗料を使用されますよ。数年前に、宿泊棟の廊下を新しくしたときも、体育館の床に使うための強力なウレタン塗料を使われましたから」

「えっ、そうなんだ。でも、先生も自然系の塗料に賛成なら、職員会議のときには、そういう意見を言ってくださいね」と、お願いしました。しかし、その先生は「とんでもない」と否定します。

「奥田先生は、絶対にウレタン派ですから、校長先生と違う意見を言うのは嫌ですよ」

4月になり、職員会議で、保護剤について話しあいました。「校長先生は、ウレタン塗装派」と聞いていたので、提案資料は、それぞれの保護剤のプラス面、マイナス面を整理して慎重に準備しました。

「床と壁の品質保持、汚れ防止のためには、植物油を木材の表面に浸透《しんとう》させる方法と、ウレタン合成樹脂を塗って木材の表面にウレタンの膜をつくる方法があります。

これまでのアンケート調査では、より安全なものを使用してほしい、という要望が寄せられています。

三重県林業研究所に照会したところ、木の良さには、肌ざわりの気持ちよさ、湿度調節機能、目にやさしいおだやかな光沢などがあるそうです。

浸透塗装は、木の良さを保てますが、汚れがつきやすい短所があります。ウレタン塗装は、木の良さは減りますが、汚れがつきにくいという長所があります。どちらの保護剤を使うかを話しあってください」

しばらく沈黙がつづきました。

奥田校長先生が発言されました。

「ウレタン塗装にすべきです。家庭ならともかく、学校の床は汚れやすい。汚れに強いウレタン塗装にしないと、ただでさえ忙しい愛農高校ですから大変なことになりますよ。教職員や生徒たちのそうじの負担を減らすためにも、ウレタン塗装じゃないとやっていけません」

両腕を組んで、きっぱりとした口調でした。

ほかの教職員からは意見が出なかったので、翌週の職員会議であらためて話しあうことになりました。

「先生は、どちらがいいと思っているんですか」

職員会議の翌日、たまたま出会った女性の先生にたずねてみました。

「わたしは、自然なものがいいと思いますよ」

「それだったら、つぎの会議のときは、そう発言してくださいよ」

「いやいや、それはちょっと……」

「でも、より自然に近い浸透塗装のほうがいいと思ってるんでしょう?」

「それはそうですが、校長先生がウレタン塗装と言われたので、違う意見は言いにくいですよ」

「そうですかぁ?」

「そうですよ。校長先生は、人事権もふくめて、学校でいちばん権限をもっておられるんですよ。校長先生と違う意見を言いにくいのは、当然じゃないですか」

その先生は、「当然!」と強調されました。

ほかの先生にたずねても、「校長先生は学校のトップですからね。違う意見は言いにくいなあ」「校長先生は、迫力があるからなあ。怒られたら怖いし……」という意見が多くありました。

よりよい校舎をつくるために、みんなで話しあいをしているのです。しかし、「自分よりも役職が上の人には、違う意見が言いにくい」と感じている職員が意外と多かったのです。

私も、そんな気持ちが理解できないわけではありません。おなじような職場をたくさん見てきたからです。しかし、自分の思っていることをきちんと発言できる職員が増えないと、よりよい学校づくりはできません。

相手が誰であっても、自分の思っていることを発言できる人間が増えていかないと、よりよい社会が実現できないのとおなじです。

大人でも、子どもでも、自分が正しいと考えたこと、自分が変だと思ったことは、きちんと発言することがとても大切です。

5月に入り、床や壁の工事が完成に近づきました。

朝の職員会議で、奥田校長先生から提案がありました。

三重県産木材を使った学校づくり

「このあいだから、保護剤について話しあってきました。保護剤を塗る作業は、生徒たちが帰省している連休中に実施する必要がありますので、ウレタン塗装の作業を連休中にやりたいと思います。みなさん、よろしいですね」

職員室は、シーンとしています。誰も発言する雰囲気ではありません。

それで、私が発言しました。

「校長先生の言われるように、連休中に作業をやったほうが効率的だと思います。しかし、教職員の話しあいは、まだまだ煮詰まっていません。どちらの保護剤を選択するかという問題は、校舎のあり方を決めるうえで重要ですから、もう少しだけ、話しあいの時間をください。いまの段階では、結論は出せません」

つぎの職員会議で、再び話しあいました。もうそろそろ、決めなければならない雰囲気でした。

「私は校長先生とおなじ意見です。この学校は忙しすぎます。それに加えて、そうじの負担が増えてしまったら、生徒も教職員も大変です」

「わたしは、浸透塗装のほうがいいように思います。化学物質過敏症の生徒が入学する可能性もありますし、リスクは避けたほうが良いと思います」

「わたしも浸透塗装がいいと思います。でも、せっかくの校舎が汚れてしまうのもどうかと迷っています」

「ウレタン塗装を選択すべきです。人体に良くないといっても最初だけです。乾いてしまえば大丈夫だと思いますよ」

いろいろと意見が出ました。

校長先生は「ウレタン塗装にしないと汚れが激しくなるので、これからのそうじが大変になる」という強い意見。半数ほどの教職員は、「植物油を使用する浸透塗装のほうが良いと思うけれど、汚れが激しくなるのも困る」という雰囲気です。

沈黙の時間がすぎていきました。

「意見も出たようですし、もうそろそろ挙手で決めましょう」と、奥田校長先生が提案しました。

みんなで自然塗料を塗る

このとき、それまで黙って聞いていた濱田雄士先生が、「ちょっと、いいですか……」と発言しました。

「愛農高校は、たしかに忙しい……。ぼくも年齢のせいか、体も疲れやすくなってきました。それに、たしかに、浸透塗装は、ウレタン塗装に比べると汚れやすいので、そうじは大変かなあと思います……。

でも、有機農業を教えていて、自然を大事にしていこうという学校の理念を考えると、どうなんでしょうねえ……。

ぼくは、そうじは苦手なんですが、たとえ大変だとわかっていても、大変な道のほうを選びたいと思うんです……」

少し発言しにくそうにしながらも、濱田先生は自分の思いを語りました。思いきって発言されたことが、伝わってくるような語り口でした。同時に、教職員みんなの思いを、浸透塗装に近づけた発言でした。

挙手の結果、教職員会議では、浸透塗装を選択しました。

5月、床と壁には、お米からつくられた自然塗料の「キヌカ」という保護剤を教職員と生徒全員で塗りました。

また、床への汚れをつきにくくするために、上ばきは、これまでのゴムスリッパから布ぞうりに変更することを決めました。おそうじのやり方も、床材にあわせて変更しました。

生徒にあわせた「くつ箱」をつくる

再生工事中は、多くのことを話しあいました。

野沢事務所の藤村真喜さん、小原建設の現場監督・川口義一さんから、「このことを決めてください」と求められるままに、話しあう課題を整理して、職員会議に提案します。

みんなで本当によく話しあいました。もう、夢中で話しあいました。みんなで多くのことを話しあうのは大変でしたが、とても楽しい毎日でした。

生徒にあわせた「愛農高校特製くつ箱」

くつ箱づくりも、楽しい作業でした。

再生工事前のくつ箱は、一般的な学校のくつ箱とおなじタイプでした。上ばき用のスリッパと外用のくつを入れるタイプです。長ぐつは大きいので、入りませんでした。そのため、生徒たちの玄関には、長ぐつが途中から折れ曲がって、あっちを向いたり、こっちを向いたりして散らかっていました。

教職員が生徒にきちんとならべるように指導したり、整頓したりしていたのですが、散らかっているのが日常の光景でした。

工事前から、気になっていた問題です。

話しあいをしてみると、答えは簡単に出ました。普通科と農業高校は、学習スタイルがそもそも異なっているのです。長ぐつは、農業高校生の必須アイテムです。それならば、生徒たちの長ぐつの大きさにあわせた「愛農高校特製くつ箱」をつくったらいいのです。

この特製くつ箱は、3タイプほど考案しました。みんなで話しあった結果、上段に上ばき、下段に長ぐつを収納できるくつ箱に決定。材料は三重県産のスギ材です。

くつ箱の大きさは、「大は小を兼ねる」と言いますから、でっかい足の生徒を探して、その生徒の運動ぐつや、長ぐつが入る寸法とすることにしました。

事務室の古川真理子さんに、「愛農高校で、足がいちばん大きい生徒は誰でしょうかねえ？」とたずねました。古川さんは「惣一朗くんだと思いますよ。あの子は背丈もあるし、足も大きかったですよ」と即答です。

古川さんは、生徒1人ひとりのことを、実によく知っておられるのです。愛農高校の教職員のすごさは、古川さんのような生徒のことを知り尽くした教職員がいること、と実感しました。

さっそく、惣一朗くんのクラスに行って、くつと長ぐつを借りてきました。たしかに、でっかい！　文句なしです。彼のくつを基準にして、くつ箱をつくったら大丈夫でしょう。

彼のくつを測りながら、すっきりと美しい玄関が目に浮かんできました。

3階を切り取る

3月からスタートした再生工事は、1、2階の工事が完了。夏休みを迎えて、いよいよ3階部分を切り取る工事に入りました。

野沢さんから「3階を切り取って、2階建てにします」と、はじめて説明してもらったとき、頭のなかは「???」でした。それだけに、夏休みの切り取り作業をワクワクして待っていました。

校舎を切り取るために、最初に登場したのは、ワイヤーソーという機械でした。3階の床から1メートルの高さで、鉄筋コンクリートの柱と壁を切り取ります。

ワイヤーとは鋼鉄製のロープ、ソーとはノコギリのことです。ワイヤーソーは、ワイヤーに数センチ間隔で、切削用の人工ダイヤモンドがついていて、ワイヤーソーを高速で回転させることによって、柱や壁を切り取ります。

3 階の撤去作業

つぎに登場したのは、巨大な130トンクレーン車。あまりにも大きいので、交通量の少ない深夜に愛農高校まで運ばれました。

学校の私たちは、鉄筋コンクリートを切り取るのですから、びっくりするような大きな音と、激しい振動になるのかとドキドキしながらも、興味しんしんでした。

しかし、実際に切り取り作業がスタートしても、静かなのです。ギーギーという音も聞こえてきません。ブルブルとふるえるような振動もありません。拍子抜けでした。

現場監督の川口義一さんに案内してもらって、ワイヤーソーが動いている現場に入らせてもらいました。

2人の作業員さんが、ワイヤーソーを動かしています。柱に巻きつけられたワイヤーソーが、高速で回転しています。灰色の水が大量に飛び散っています。少しずつ、少しずつ、鉄筋コンクリートの柱が切れていきます。あたりには「シャー、シャー」という音が響いていますが、想像したよりも小さな音だったのが意外でした。

3階部分は、ワイヤーソーを使って、数メートルほどの大きさのかたまりに切り分けら

小原建設の川口義一さん

2010年10月22日，工事は無事に終了．川口さんは，この工事を最後に退職されることから，生徒たちに「現場人生40年」と題して講演していただいた（10月28日）

れます。そうして、1個ずつ、巨大なクレーンで持ち上げられ、地上に降ろされていきました。

8月6日、この日は減築工事の現場見学会です。卒業生、教職員、保護者、愛農会の人たちが見守るなかで、最後に残った巨大なコンクリートのかたまりが撤去されました。

その作業を見ていた、数十人の観客から「おぅ～！　とうとう3階がなくなった！」と歓声があがり、いっせいに拍手が起こりました。

3. ここがすてきです

天然の木はさらさら

秋になり、伊賀の風が涼しくなってきました。

春3月からスタートした本館再生工事は、10月に完了しました。

緑色の切妻《きりづま》屋根、明るい色彩のすっきりした外観。2階建ての校舎。少し小さくなって、こぢんまりと、かわいい校舎に再生しました。


玄関から入ると、木の香りがファ~と感じられます。三重県産のヒノキやスギをふんだんに利用した校舎は、とてもいい香りです。

2階に上がり、生徒たちの教室に入ってみました。

床はヒノキ、壁はスギ、机とイスはヒノキづくりです。

「明るい、気持ちいい教室になったなあ～」が第一印象でした。

教室の正面右側のスギ板は、学校演習林から生徒たちが運び出した間伐材です。「先輩たちが、山から間伐材を運び出してつくった教室」と、在校生には語り継いでほしいものです。

今回の再生工事で、とてもすてきな「質素であたたかみのある木造校舎」になりました。教室が完成して、はじめて生徒たちが教室に入ったとき、いっせいに歓声があがりました。

「うわぁ～、明るい！　きれい！」

「木のいい香りがするねえ～」

「教室に響く音が、なんだかやわらかいなぁ～」

コンクリート造りの校舎から、木造りの校舎になって四季をすごすと、木造校舎の良さが実感できます。

いつも校舎内の空気がさわやかです。梅雨の季節も快適で、空気がべたつきません。ヒノキやスギが呼吸をしているようです。空気中の湿度が高いときは水分を吸収し、湿度が低いときは水分を放出しています。

木造校舎になってから、生徒たちが、床に寝ころがって遊んでいます。

「うわぁ〜！　肌ざわりが、すっごくいい！　さらさら〜」と楽しそうです。

そうやって、やわらかな肌ざわりと、木のあたたかさを感じてもらえたら、自然の木をふんだんに使って校舎をつくったかいがあります。

木の良さを、若いときに知った生徒は、将来、我が家を建てることがあれば、きっと自然な木を使ってくれるでしょう。

友だちと床に座って、おしゃべりしている姿もよく見かけるようになりました。特に多いのは階段と玄関です。あたたかいし、肌ざわりも良いので、気軽に座ることができます。

新しい教室に入った生徒たち

木造りの校舎になって、最も感心したのが、秋に開催する学園祭での変化でした。学園祭では、生徒が調べたことを、大きな紙に文字を書いたり、絵を描いたりして展示します。

再生工事後の学園祭の展示を見て、私はびっくりしました。生徒がつくった掲示物の文字や図表が、ていねいに書かれているのです。1年前の学園祭のときに書かれていた文字や図表とは、まったく違っていました。生徒たちの作業が、美しく、ていねいになっています。展示方法も、木造りのイスや机をセンス良く利用していました。

校舎がきれいになると、生徒がつくる作品も、ていねいになっていくことを実感し、そして、とても感心しました。

すてきな建物がもつ力なのでしょうか。生徒たちは確実に変化していました。

太陽の熱はあたたかい

伊賀の冬は寒いのです。氷点下まで冷え込むこともたびたびです。

再生工事が完了してから、最初の冬がきました。11月下旬の寒い朝でした。息は真っ白です。6時に、玄関のカギをあけ、校舎に入りました。

そのときの感動は、忘れることができません。

外はあんなに寒かったのに、校舎内の空気がふんわりとあたたかいのです。不思議な気分でした。校舎には私ひとりです。

温度計を見てみると、外の気温はマイナス1度でしたが、室温は18度もありました。

この瞬間、しっかりと断熱工事が施された校舎と、太陽熱を活用した集熱換気システムのすばらしさを実感しました。

太陽熱集熱換気システムを再生校舎に取り入れることは、野沢さんからの提案です。自

再生工事前

再生工事後

然エネルギーを活用することは、私たちも大賛成でした。

このシステムは、太陽の熱であたためられた空気を、屋根から校舎内に取り入れ、太陽電池で動くファンを使って、床下に送り込みます。

床下に到着したあたたかい空気は、床下のコンクリートをあたため、その熱を蓄えます。コンクリートという素材は、熱をよく蓄える性質をもっているのです。

教室内の温度が低くなってくると、床下のコンクリートに蓄積された熱が、パイプを通って教室内に送られます。教室は、ほんのりとあたたかくなります。とてもおだやかな暖房です。

足もとの冷たさもすっかりなくなり、ひざ下がだるくなることもなくなりました。足もとの冷えは、けん怠感や眠たさをまねき、作業能率を下げます。足もとがあたたかいので心地よく、集中力も高くなったように感じています。

このシステムを取り入れて感動したことは、冬になってからストーブをほとんど使わなくなったことです。灯油の使用量は、再生工事前の半分以下に減りました。

教室内の空気も新鮮になりました。

屋根から取り込まれた空気は、校舎内を循環するので、教室内にはいつも新鮮な空気が送り込まれています。寒い日に教室をしめきっても、教室の空気は新鮮で、とてもさわやかです。

このシステムの実力には、生徒たちもびっくりでした。生徒たちにとっては、省エネルギーと、自然エネルギーの力を実感できる教材になっています。

古い校舎の再生から学んだこと

「いろんな思い出がある校舎だから、何とか残したい。何か方法がないかな……」

卒業生の霜尾誠一さんは、校舎づくりがスタートしたときから、古い校舎への思い出を語り、たとえ一部でも残すことを願っていました。

そんな霜尾さんでしたから、再生した校舎を見たときは、「この校舎は、いろいろな人にお世話になって完成した校舎。残してもらえて、よかった」とうれしそうでした。

再生工事では、たくさんの方々から思いを寄せていただきました。

三重県多気町で無農薬のお茶づくりをされている逵昌美《つじまさみ》さんからは、大切に保管されていたスギの大板を寄贈していただきました。もと多気町長で、愛農高校理事の小林英一さんと、愛農会の岡野正義さんからの紹介でした。

逵さんの大板は木目がとても美しかったので、校長室の応接机として活用しています。

古い校舎は、3階部分を取り除いて、再利用しました。

鉄製の窓も、いちばん状態の良いものを修復して、正面玄関のすぐ横で利用しています。

階段にも工夫があって、古い階段の赤い手すりが見えるようになっています。

「卒業されたみなさんが訪問されたときに、懐かしんでもらえたら」という野沢さんの提案でした。

「50年前に建てられた古い校舎を再利用しても、長持ちしない。新しく建設したほうがいいのに」と語る卒業生もありました。私も今回の再生工事を体験するまでは、「鉄筋コンクリート造りの建物は、60年ほどで建てかえるもの」と思い込んでいました。

しかし、再生した校舎は、耐震強度も、耐用年数も大幅に改善しています。

もともと、「震度5以上の地震がきたら危ない」という理由でスタートした学校づくりですが、減築と補強により、現在は十分な耐震強度があります。

耐用年数も大幅に延びました。鉄筋コンクリート造りの建物は、鉄筋がさびてしまったり、コンクリートの中性化がすすむと、強度が低くなります。今回の再生工事では、コンクリートのひび割れを補修し、コンクリート外壁を断熱材で包むことによって、外気を遮《しゃ》断《だん》しています。そのため、コンクリートが中性化することや、鉄筋がさびることを防ぐことによって、耐用年数が大幅に延びました。

資金が少ない愛農高校にとって、建設費用を大幅に抑えることができたのも、ありがたいことでした。試算をしてみると、最初の計画どおりに全面改築を実施した場合は、次の

ような費用が必要でした。

校舎の取り壊しに、2000万円。工事中のプレハブ校舎建設に、7500万円。そして、もとの校舎とおなじように、鉄筋コンクリート造り(3階建て、1500平方メートル)の校舎をつくった場合の建設費は、3億6400万円です。合計で4億5900万円になります。

一方、今回の学校づくりでは、次のような費用が必要でした。

再生工事費が、1億5375万円。新しい木造校舎は、1億2900万円(2013年に建設)。合計で、2億8275万円です。当初の全面改築計画と比べると、1億7625万円も安くなりました。当初計画の約60パーセントの費用で、学校づくりができたことになります。

これからの時代は、経済的にも、地球環境を保全していくためにも、限りある資源を大切に使っていくことが重要です。野沢さんが提案された「古い校舎の再生」から、私たちは、いろいろなことを学ぶことができました。

第４章

学校は、生徒たちの学びを守ってほしい

1. すてきな学校のもつ力

変化してきた生徒たち

愛農高校には、傷《いた》んでいる建物がたくさんあります。すべてが古くて、傷んでいたとき、不満の声はあまり聞きませんでした。

再生工事がはじまるまでは、生徒たちに「どの建物から修理したらいいと思う?」と聞いても、「愛農高校は貧乏だから修理するのは無理だよ」とこたえる生徒が目立ちました。生徒たちに質問しても、アンケート調査を実施しても、生徒から意見を聞き出すのは苦労しました。生徒たちには「あきらめ感」があったようです。

しかし、再生工事が完了して、真新しい校舎が誕生したときから、生徒たちに「変化」

が現れはじめました。生徒の方から、「教室をこんなにきれいにするんだったら、男子寮もきれいにしてほしいよ！」と、声をかけてくれることが増えてきました。

生徒たちにしてみれば、自分たちの教室がびっくりするほど美しく改修されたのです。校舎がそんなにきれいになるのだったら、ほかの建物もきれいにしてほしい、と願うのが自然な思いだったのでしょう。

生徒たちが変わってきたことを実感した私は、２０１１年2月に、本格的なアンケート調査を実施しました。

調査の目的は、新しく建設する木造校舎に、どんな部屋が必要とされているかを調べることでした。再生工事で本館校舎の3階を切り取り、教室、図書室、農業クラブ室がなくなってしまったので、必要な部屋が不足していたからです。しかし、建設できる面積は、経費のことを考えると５００平方メートルが限度でした。

3月になり、生徒、教職員、理事会ごとに、アンケート結果の報告会を開きはじめました。

3月11日は、愛農が丘で暮らしている方々への報告会を開いていました。

しかし、学校づくりを揺るがす大事件が起こったのです。

東日本大震災です。

史上最大級のマグニチュード9の大地震が東北地方で発生。岩手、宮城、福島などの沿岸部には、10メートル近い津波が襲い、壊滅的な被害を引き起こしました。多くの人が犠牲になり、何十万もの人々が住む家を無くし、避難所暮らしがはじまったのです。

新しい校舎をつくってもいいのか…

地震発生の翌日、12日朝の職員会議では、地震や津波で被害に遭われた方々を、学校としてどのように支援していくかを話しあいました。その日に開いた理事評議員会でも、被災地への支援方法を話しあいました。

話しあいがすすむなかで、「復旧への取りくみは長期化するだろう。東北の人たちが大変なくるしみのなかにあるときに、校舎をつくっていても、いいのだろうか」という意見が出されました。たしかに、そのとおりでした。

愛農高校で東北への支援を話しあっていたときに、福島県では大事故が起こっていました。

東京電力福島第一原子力発電所で、原子炉のメルトダウンにより、大量の放射性物質がもれ出していたのです。

放射性物質が降りそそいだ地域には、愛農高校の卒業生たちも暮らしていました。卒業生たちは、近くに住んでいた知人たちと西方向をめざして避難し、3月16日には愛農高校に到着しました。宿泊棟や同窓会館は、避難してきた70人の人たちでいっぱいになり、春休みの学校は騒然とした雰囲気につつまれたのです。

3月26日、第20回建設委員会を委員全員が出席して開催しました。

新校舎の建設をすすめていくべきか、それとも延期すべきかの話しあいです。

テレビや新聞では、東北の被災地の現状が報道されていました。そして、学校には福島から避難されてきた多くの人たちがいました。そういう状況のなかでの話しあいです。委員からは、いろいろな意見や思いが語られました。

「大震災で被災され、苦しんでいる人々が多数いるのに、新校舎の建設をすすめることが許されるのだろうか」

「2013年の完成予定を延期することも必要ではないか」

「こんなときに愛農高校には寄付できない、という関係者もいる。募金活動は難しくなるし、すべきではない」

「復旧工事のために建設資材が高騰して、学校建設のお金が足りなくなるのではないか」

「募金の行き先は愛農ではなく、東北のみなさんに届けることが大切ではないか」

会議では、学校づくりへの悲観的な意見がつづきました。

委員長の霜尾誠一さんは、みんなの意見を黙って聞いていました。

設計者の野沢正光さんは委員を励まそうと、遠慮がちに発言されました。

「まだ事態は動いている状況です。建設への影響は、冷静に見ることも必要です。それに、たしかに大変な事態ですが、日本中が、みんなでしょんぼりしましょう、という話でいいのでしょうか。こんなときこそ、前向きに考えることも必要ではないでしょうか」


福島、宮城、岩手では、あまりにも過酷な状況がつづいています。重苦しく沈痛な雰囲気が、話しあいにも反映していました。「延期もやむをえないかもしれない……」という雰囲気が濃厚になっていきました。

このとき、委員の猪子秀子さんが静かな声でしたが、はっきりと発言しました。

「私は、愛農高校には、生徒たちを守ってほしい、と願っています。

今回の震災が起こったとき、愛農会と愛農高校は、いち早く福島からの被災者を受け入れられました。このことは、愛農ならではのすばらしいことだと思います。

それに、愛農がめざしている自然エネルギーの活用にしても、有機農業を広めていくこ

（撮影　奥田悠史）

としても、こんなときだからこそ、愛農高校の価値を認めて応援してくださる方がおられるんじゃないでしょうか。

私たちは、けっしてぜい沢な学校をつくろうとしているわけではありません。不足している教室や図書室などは、生徒たちにとっては必要最低限の内容です。このような状況ですから募金は厳しくなるでしょうが、保護者の立場からは、愛農は生徒たちを守ってほしい、生徒たちの学びを守ってほしい、建設への歩みを止めないで歩んでほしいと願っています」

猪子さんの発言をきっかけにして、震災後の厳しい状況をふまえながら、学校づくりの意味や目的を、あらためて確認するような話しあいがつづきました。


最後に霜尾委員長が、「計画の縮小はあるかもしれませんが、50周年記念事業として、最後までこだわって新校舎を建設したいと思います。これからの学校づくりを、みんなでやりきりたいと思いますので、みなさんの力をかしてください」と語りました。

学校づくりにとって、大きな節目となった話しあいでした。

2. 学校づくりのそれから

森のなかを歩いているような木造校舎

もともと3階建てで、のべ床面積が1500平方メートルだった本館校舎。3階を切り取ったので、2階建て1000平方メートルになりました。新しい校舎は、500平方メートルの広さになります。

その500平方メートルの広さで、こんどは何をつくるのかが課題でした。

アンケート調査では、いろいろな要望が出てきました。

図書室、体育館、講堂、食堂……

とても500平方メートルの広さでは、おさまりません。みんなの要望をまとめていくための話しあいが、再びはじまりました。

秋も深まった10月、「こんな校舎をつくりたい！ ― 愛農のみんなで語りあう会」を開きました。野沢事務所スタッフの藤村真喜さんは、木でつくった模型をつくり、会場に展示してくれました。

「へぇ～ 新校舎はこんな感じになるのかぁ～」「楽しみだねえ～」と、参加者の関心が高まっていきます。

開会にあたって、霜尾誠一さんがあいさつしました。

「そもそも新校舎の建設は何のためにやるのかというと、生徒のみなさんに、必要な教育を受けていただくためです。大切なことを学んで、成長していただくためです。

学校の創設者である小谷純一先生は、『農業者たる前に人間たれ！』と、いつも言われていました。この人間教育を、愛農高校ではいちばん大切にしています。

再生校舎の建設のときも、建設委員会では何回も話しあいを重ねました。今回も毎月の

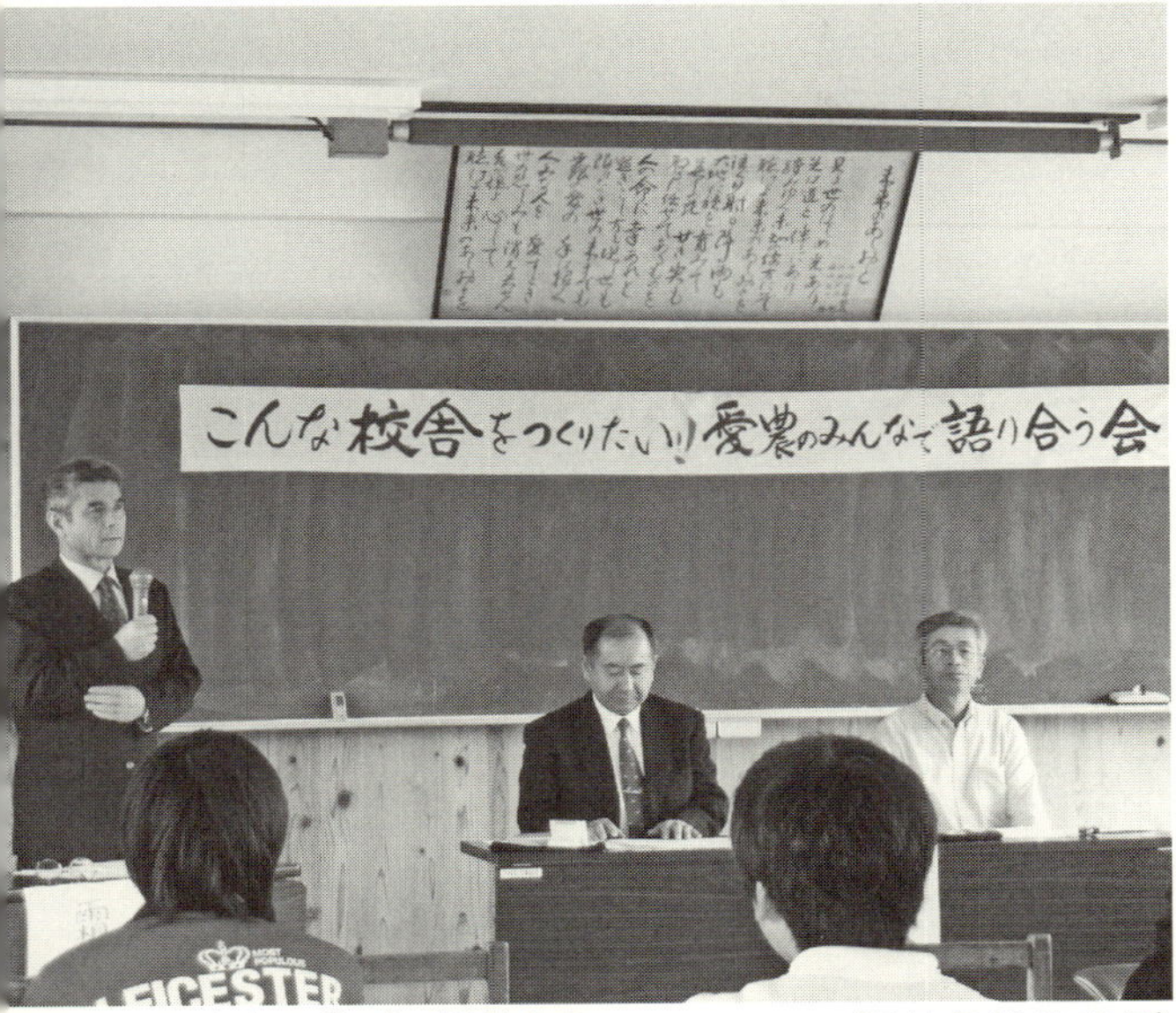
こんな校舎をつくりたい!! 愛農のみんなで語り合う会

みんなで学び，語りあう　　(2011 年 10 月 22 日)

ように愛農高校に集まり、話しあっています。野沢さんと藤村さんには、何回も何回も図面をつくり直していただきました。そして今日、みなさんに提案させていただく第5次案は、かなり煮詰めたものです。しかし、決定したものではありません。本日の語りあう会もふくめて、みなさんのご意見を十分に参考にして、建設をスタートしたいと考えています。ぜひ、みなさんのご意見をお聞かせください」

「語りあう会」終了後、基本設計案についてのアンケート調査を実施しました。そして、11月の第24回建設委員会では、「語りあう会」に提案された第5次案を修正し、基本設計を決定しました。

それから2年。2013年10月、新しい校舎が完成しました。

校舎の中心スペースは図書コーナーです。新しい木造校舎に入ると、森の樹々が空に向かって広がっているような、のびのびとした空間が迎えてくれます。三重の木でつくられた柱は、幹や枝を大きく広げた樹木のようなデザインでした。広々とした森のなかを歩いている気分です。

森館小谷校舎

森のなかにいるような木造校舎

このようなのびのびとした空間の創造は、野沢さんの設計のすばらしさでしょう。また、この木の魅力を構造的に支えているのは、野沢さんの仕事仲間である構造設計者の稲山正弘さんの仕事です。

家具に目をやると、色あい豊かなソファや机があります。とてもあたたかい雰囲気です。家具を制作されたデザイナーの小泉誠さんによると、愛農が丘のキウイ、ニンジン、トマト、空、森の色彩を生かし、大切にして、デザインしたそうです。

建設工事は、伊賀市の福田豊工務店にお世話になりました。福田豊工務店さんは、「建設後のメンテナンスに責任をもちたいので、近隣の工事だけを請け負うこと」にされているそうです。

このすてきな木造校舎は「森館《しんかん》小谷校舎」と命名。２０１４年には、第33回三重県建築賞会長賞を受賞しました。

くつろげる居場所もあちこちにつくりました

うれしい受賞！

2015年の年明けに、うれしいニュースが学校に届きました。
2010年に再生した本館校舎が、日本建築防災協会の耐震改修優秀建築賞を受賞したのです。
受賞したのは、設計者の野沢正光さん、構造設計者の山辺豊彦さん、施工した小原建設株式会社、そして愛農高校です。

この耐震改修優秀建築賞は、全国のモデルになるような耐震改修工事を実施した建築物に贈られる、日本で最も権威ある賞です。東京駅丸の内駅舎、阪神甲子園球場、愛知県庁旧本館など、全国的に有名な建物がおなじ賞を受賞しています。

表彰式の開会あいさつで、日本建築防災協会の岡田恒夫理事長（もと日本建築学会会長、東京大学名誉教授)は、表彰制度の目的を説明されました。

「この表彰制度は、全国の耐震改修工事を実施した建築物のうち、耐震性、防災・安全性、意匠等に特に優れた建築物、そして耐震改修工事に主体的にかかわった関係者のみなさまを表彰するものです。

今回受賞された建築物は、いずれも日本の耐震改修工事の見本というべき存在です。受賞された建築物が広く知られることをつうじて、建築物の耐震化がよりいっそう促進されることを願っております」

表彰式後の意見交換会で、岡田理事長から声をかけていただきました。

「受賞おめでとうございます。愛農高校の本館校舎は、私もたいへん関心をもって見せていただきました。

これまで受賞された建築物は、どれも規模が大きなものばかりです。それにくらべて愛農高校はひじょうに身近な規模の建築物でした。私もとても関心があったので、三重県伊賀市の愛農高校におうかがいして拝見させていただきました。

あたたかみのある良い校舎でしたね。耐震設計がしっかりしているし、デザインもいい。一般的な工事にくらべて廃棄物も少ない。自然エネルギーを積極的に活用するなど、環境に優しい耐震改修工事です。

そして何よりも感心したのは、みなさんが考えられた学校づくりのストーリーや取りくみ方がいいですね。

減築工法を採用することによって、3階建ての校舎を2階建てに減らしたうえで、そのとなりに地元産木材を積極的に利用して図書室や小教室を新築されました。

学校をつくるためにみなさんが積みかさねられた、ていねいな話しあいなど、これからの建築工事の見本となるすばらしい取りくみです」

とてもうれしい評価でした。

表彰式では、受賞建築物の設計ポイントが、それぞれの設計者から紹介されます。愛農高校の再生校舎は、野沢正光さんが紹介されました。

野沢さんの解説を聞きながら、私は２００９年12月に開かれた建設委員会を思い出していました。

伊賀地域の冬は厳しく、その日も底冷えがする寒さでした。古い校舎の狭い会議室には、野沢さん、藤村さん、建設委員のみなさんが、ぎっしりと座っています。

ストーブが2台もあるのに、寒くてたまりません。コンクリートの壁や床から伝わってくる冷たさのために30分も話しあっていると、膝のあたりまでが痛くなってきます。女性委員の猪子秀子さん、服部景子さん、泉川道子さんが、3人そろって「寒～い！足もとがじんじん冷えま～す！」と言ったとき、野沢さんは笑いながら語られました。

「愛農高校の建物は、床のコンクリートの冷たさが、直接伝わってきますからね。でもみなさん、再生工事が終わったら、とてもあたたかい学校になりますよ」

寒さにふるえていた私は半信半疑だったのですが、完成後は本当にあたたかい校舎に生まれ変わっていました。

そんな建設委員会での話しあいを思い出しながら、表彰式での野沢さんの解説を聞かせてもらっていました。

ふりかえってみると、学校づくりのスタートは、いろいろな試行錯誤からはじまりました。みんなで「話しあいと学習」を積みかさね、多くの方々からのご支援をいただき、野沢正光さんというすてきな設計者と出会えることによって実現した学校づくりです。

いろいろなことがあって、楽しい学校づくりでした。

とてもすてきな体験をさせてもらって、こころから感謝しています。

あとがき

高校2年生のとき、「同胞《はらから》」という映画を観ました。

とても感動しました。

「この映画に出てきた人たちのように、これからの人生を生きていけたら……」と、映画館から出てきた私は願っていました。


映画「同胞」(1975年)は、映画監督・山田洋次さんの作品です。

岩手県松尾村の青年団に、ミュージカル公演の話が飛び込んできました。「失敗して、赤字が出たらどうしよう」と、青年たちは迷います。公演を実施するか、それとも実施しないかを話しあいました。話しあいは、何回も、何回もおこなわれました。話しあいの結果、公演を実施することを決意し、みんなの力で成功させていく内容でした。

みんなで話しあいながら、何かを実現していく。その楽しさが、心にずんずんと響いてくる映画でした。

人間は1人だけでは生きていけません。人間は、いろんな人たちとかかわりあって暮らしています。

よりよい暮らしをつくっていくためには、みんなで話しあい、学びあうことが必要です。そうやって、みんなで夢や目的を実現していく生き方が、楽しく、しあわせな生き方であることを、映画「同胞」は教えてくれました。

「同胞」のなかで、主人公役の寺尾聰さんが「幸福」について語る場面があります。

「……公演終了後、友だちの愛ちゃんといつも、公演の準備で夢中だったころの思い出話をしています。何であんなに夢中になれたのか、不思議な気がしています。そして、これからのオレの人生に、あんなに夢中な思いをすることが何回もあるといいと思います。もしかしたら、幸福とは、そういうことなのではないかと、愛ちゃんは言います」

私はこれまでに、映画「同胞」に憧れて、保育所づくり、演劇や映画の公演、労働運動、地域づくりに取りくんできました。この本でご紹介した愛農高校の学校づくりも、「あんなに夢中な思いをすること」のひとつだったと、今、つくづくと感じています。

愛農高校の校舎ができるまで、ほんとうに多くの方々からご支援していただきました。心より御礼申し上げます。

また、この本をまとめるにあたり、愛農高校の直木葉造校長先生をはじめ、教職員のみなさんからご協力をいただきました。写真は、野沢正光建築工房、写真家の小松勇二さん、奥田悠史さん、JA京都にのくに、舞鶴市民新聞社に提供していただきました。ありがとうございました。

ふりかえってみると、私の生き方に大きな影響を与えてくれたのは、ひと、本、旅、映画でした。

その出会いは、いつも突然です。たまたま出会った1冊の本が、ものの見方、生き方に大きな影響を与えてくれるときもありました。

今回の学校づくりもそうでしたが、思い切って踏み出した道の先には、いろいろなすてきな出会いがあるようです。
この本を読んでくださったみなさんにも、これからすてきな出会いがいっぱい待っているはずです。そんなすてきな出会いが、みなさんに数多くあることを心から願っています。

品田 茂

2017年3月28日

品田 茂
1958年京都府舞鶴市生まれ．茨城大学人文学部卒業．1982年から2009年まで，舞鶴市役所職員．愛農高校，自治体問題研究所をへて，現在，京都自治体労働組合総連合(京都自治労連)勤務．学校法人愛農学園理事．
著書に『爆沈・浮島丸――歴史の風化とたたかう』(高文研)，共著に『行け行け！ わがまち調査隊――市民のための地域調査入門』(自治体研究社)などがある．

日本一小さな農業高校の学校づくり
――愛農高校，校舎たてかえ顚末記　岩波ジュニア新書 851

2017年4月20日　第1刷発行

著　者　品田《しなだ》 茂《しげる》

発行者　岡本 厚

発行所　株式会社 岩波書店
〒101-8002 東京都千代田区一ツ橋 2-5-5
案内 03-5210-4000　営業部 03-5210-4111
ジュニア新書編集部 03-5210-4065
http://www.iwanami.co.jp/

印刷・理想社　カバー・精興社　製本・中永製本

ISBN 978-4-00-500851-3　Printed in Japan

岩波ジュニア新書の発足に際して

きみたち若い世代は人生の出発点に立っています。きみたちの未来は大きな可能性に満ち、陽春の日のようにひかり輝いています。勉学に体力づくりに、明るくはつらつとした日々を送っていることでしょう。

しかしながら、現代の社会は、また、さまざまな矛盾をはらんでいます。営々として築かれた人類の歴史のなかで、幾千億の先達《せんだつ》たちの英知と努力によって、未知が究明され、人類の進歩がもたらされ、大きく文化として蓄積されてきました。にもかかわらず現代は、核戦争による人類絶滅の危機、貧富の差をはじめとするさまざまな人間的不平等、社会と科学の発展が一方においてもたらした環境の破壊、エネルギーや食糧問題の不安等々、来るべき二十一世紀を前にして、解決を迫られているたくさんの大きな課題がひしめいています。現実の世界はきわめて厳しく、人類の平和と発展のためには、きみたちの新しい英知と真摯《しんし》な努力が切実に必要とされています。

きみたちの前途には、こうした人類の明日の運命が託されています。ですから、たとえば現在の学校で生じているささいな「学力」の差、あるいは家庭環境などによる条件の違いにとらわれて、自分の将来を見限ったりはしないでほしいと思います。個々人の能力とか才能は、いつどこで開花するか計り知れないものがありますし、努力と鍛練の積み重ねの上にこそ切り開かれるものですから、簡単に可能性を放棄したり、容易に「現実」と妥協したりすることのないようにと願っています。

わたしたちは、これから人生を歩むきみたちが、生きることのほんとうの意味を問い、大きく明日をひらくことを心から期待して、ここに新たに岩波ジュニア新書を創刊します。現実に立ち向かうために必要とする知性、豊かな感性と想像力を、きみたちが自らのなかに育てるのに役立ててもらえるよう、すぐれた執筆者による適切な話題を、豊富な写真や挿絵とともに書き下ろしで提供します。若い世代の良き話し相手として、このシリーズを注目してください。わたしたちもまた、きみたちの明日に刮目《かつもく》しています。(一九七九年六月)

816 ＡＫＢ48、被災地へ行く　石原真著

二〇一一年五月から現在まで一度も欠かすことなく続けられている被災地訪問活動。人気アイドルの知られざる活動の様子を紹介します。

817 森と山と川でたどるドイツ史　池上俊一著

魔女狩り、音楽の国、ユダヤ人迫害、環境先進国――ドイツの歩んだ光と影の歴史を、ゲルマン時代からの自然との関わりを軸にたどります。

818 戦後日本の経済と社会 ―平和共生のアジアへ―　石原享一著

民主化、高度成長、歪み、克服とつづく戦後。多くの課題に取り組んできた、その歩みをたどり、アジア諸国との共生の道を考える。

819 インカの世界を知る　木村秀雄 高野潤著

天空の聖殿マチュピチュ、深い森に眠る神殿、謎に満ちた巨石…。神秘と謎に包まれたインカの魅力を多数の写真とともに紹介します。

820 詩の寺子屋　和合亮一著

詩は言葉のダンスだ。耳や心に残った言葉を集めて、かたまりをつくろう。それが詩になり、自分の心の記録、そして記憶になるんだ。

821 姜尚中と読む 夏目漱石　姜尚中著

夏目漱石に心酔し、高校時代から現在まで何度も読み直してきた著者と一緒に、作品に込められた漱石の思いを読み解いてみませんか。

822 ジャーナリストという仕事　斎藤貴男著

マスコミ不信の拡大、ネットなどによるメディア環境の激変。いまジャーナリストの果たすべき役割とは？ 自らの体験とともに熱く語ります。

823 地方自治のしくみがわかる本　村林守著

憲法は強力な自治権を保障しており、住民は政策決定に間接・直接に関われる。暮らしをよくする地方自治と住民の役割を考えよう。

824 寿命はなぜ決まっているのか—長生き遺伝子のヒミツ　小林武彦著
人はみな、なぜ老い、死ぬのか。「命の回数券」「長生き遺伝子」とは？ 老化とガンの関係は？ 細胞老化の研究者が、科学的な観点から解説します。

825 国際情勢に強くなる英語キーワード　明石和康著
アメリカ大統領選挙、英国のEU離脱、金融危機、地球温暖化、IS、TPPなど国際情勢を理解するために必要なニュース英語を解説します。

826 生命デザイン学入門　小川(西秋)葉子・太田邦史編著
エピゲノム、腸内フローラ……。多様な環境を生き抜く力をもつ生命のデザインを社会に適用する新しい学問の魅力を紹介します。

827 保健室の恋バナ＋α　金子由美子著
とまどいも多い思春期の恋愛。「性と愛」、「ココロとカラダ」はどうあるべきか？ 保健室で中学生と向き合ってきた著者が、あなたの悩みに答えます。

828 人生の答えは家庭科に聞け！　堀内かおる・南野忠晴著　和田フミ江画
高校生たちが抱える悩みを漫画で表し、それらを受けて家庭科のプロが考え方や生きるヒントをアドバイス。人生の決断を豊かにしてくれる一冊。

829 恋の相手は女の子　室井舞花著
初恋は女の子。わたしらしく生きたいと願いつづけた同性愛当事者が、自身の体験と多様性に寛容な社会への思いを語る。

830 通訳になりたい！—ゼロからめざせる10の道—　松下佳世著
東京オリンピックを控え、注目を集める通訳。スポーツ通訳、ボランティア通訳、会議通訳など現役の通訳者たちの声を通して通訳の仕事の魅力を探ります。

831 自分の顔が好きですか？—「顔」の心理学—　山口真美著
顔は心の窓です。視線や表情でのコミュニケーション、顔を覚えるコツ、第一印象は大切か、魅力的な顔とは？ 心理学で解き明かします。

832 10分で読む 日本の歴史 NHK「10min.ボックス」制作班編
NHKの中学・高校生向け番組「10min.ボックス 日本史」の書籍化。主要な出来事、重要人物、文化など重要ポイントを理解するのに役立ちます。

833 クマゼミから温暖化を考える 沼田英治著
分布域を西から東へと拡大しているクマゼミ。増加の原因は、温暖化が進んだことなのか？ 地道な調査・実験から温暖化との関係を明らかにする。

834 英語に好かれるとっておきの方法―4技能を身につける 横山カズ著
同時通訳者&受験生向け講座で人気の講師が、自らの体験を通じて導き出した、英語を自分のものにする独習法を熱く伝授します。

835 綾瀬はるか「戦争」を聞くII TBSテレビ『NEWS23』取材班編
女優・綾瀬はるかが被爆者のもとを訪ねます。様々な思いを抱きながら戦後を生きてきた人々の言葉を通して平和の意味を考えます。

836 30代記者たちが出会った戦争―激戦地を歩く 共同通信社会部編
ガダルカナルなどで戦闘に加わった日本兵の証言を30代の記者が取材。どんな状況におかれ、生き延びたのか。現地の様子もふまえ戦地の実相を明らかにする。

837 地球温暖化は解決できるのか―パリ協定から未来へ！ 小西雅子著
深刻化する温暖化のなかで私たちは何をしなければならないのでしょうか。世界と日本の温暖化対策と今後の課題をわかりやすく解説します。

838 ハッブル 宇宙を広げた男 家正則著
文武両道でハンサムなのに、性格だけは一癖あった？ 20世紀最大の天文学者が同時代の科学者たちと織りなす、栄光と挫折の一代記。（カラー2ページ）

839 ノーベル賞でつかむ現代科学 小山慶太著
日本人のノーベル賞受賞で注目を集める物質・生命・宇宙の3つのテーマにおける受賞の歴史と学問の歩みを解説。現代科学の展開と現在の概要が見えてくる。

840 徳川家が見た戦争　徳川宗英著

二六〇年余の泰平をもたらした徳川時代、将軍家を支えた田安徳川家の第十一代当主が語る現代の平和論。二度と戦争を起こさないためには何が必要なのか。

841 研究するって面白い！ ―科学者になった11人の物語―　伊藤由佳理編著

理系の専門分野で活躍する女性科学者11人による研究案内。研究内容やその魅力を伝えると共に、どのように進路を決め、今があるのかについても語ります。

842 紛争・対立・暴力 ―世界の地域から考える― 〈知の航海〉シリーズ　西崎文子 武内進一 編著

なぜ世界でテロや暴力が蔓延するのか。欧州の移民問題や中東のISなど、宗教、人種・民族、貧困と格差が複雑に絡み合う現代社会の課題を解説。

843 期待はずれのドラフト1位 ―逆境からのそれぞれのリベンジ―　元永知宏著

プロ野球選手として思い通りの成績を残せなくてもそこで人生が終わるわけではない。新たな挑戦を続ける元ドラフト1位選手たちの軌跡を追う！

844 上手な脳の使いかた　岩田誠著

経験を積むことの重要性、失敗や叱られることの意味、失われた能力を取り戻すしくみ――脳のはたらきを知れば、使い方も見えてくる！　本当の「学び」とは何か？

845 方言萌え!? ―ヴァーチャル方言を読み解く―　田中ゆかり著

キブンを表すのに最適なヴァーチャル方言は、リアル方言にも影響を与えている。その関係から、日本語や日本社会の新たな断面が見えてくる。

846 女も男も生きやすい国、スウェーデン　三瓶恵子著

男女平等政策を日々更新中のスウェーデン。その取り組みを具体的に紹介する。そこには日本の目指すべき未来がある。

847 王様でたどるイギリス史　池上俊一著

「紅茶を飲む英国紳士」はなぜ生まれた？　「料理がマズイ」は戦略？　個性的な王様たちのもとで醸成された文化と気質を深～く掘り下げ、イギリスの素顔に迫る！